気ままに警備保障論 3

田中 智仁 著

現代図書

まえがき

本書は、警備業界の全国専門紙『警備新報』に月一～二回のペースで連載しているコラム「気ままに警備保障論」の単行本第三巻である。

この第三巻には、二〇一七年一二月掲載の第81回から、二〇二〇年六月掲載の第120回までを収録している。二〇二一年三月現在も「最終回は未定」のまま、連載は継続中である。

とりあえず、筆者としては「連載二〇〇回、単行本五巻」を目標にしているが、もっと先へ続くのか、それとも途中でお役御免になるのかは、読者の反応と新聞社の意向に任せているのが実情だ。

ちなみに、連載の第1回（二〇一二年一一月掲載）から第40回（二〇一五年六月掲載）までを、二〇一五年一一月に発刊した第一巻の『気ままに警備保障論』（現代図書）に収録した。さらに、第41回（二〇一五年七月掲載）から第80回（二〇一七年一一月掲載）までを、二〇一八年六月に発刊した第二巻の『気ままに警備保障論2』（現代図書）に収録したので、興味があればご一読いただきたい。

前巻の「まえがき」でも説明したが、『警備新報』の読者のほとんどは、警備業関係者、警察庁や消防庁などの公的機関の役人、防犯・防災関連の団体職員などの「真面目な人々」だ。そのような読者に対して、本連載では当初から一貫して「警備業について、真面目な人々が考えない(考えたとしても言わない)ようなことを、学術的な視点を含めながら、自由気ままに論じてみる」をコンセプトにしている。

基本的に、毎回のテーマや内容は筆者が決め、勝手に書いた原稿を新聞社へ送り付けている。一応、「二千文字、図表一点以上」という条件は意識しているが、その条件すら無視することもある。

例えば、この第三巻に収録した第89回(羽生結弦選手パレードの原稿)は、文字数と写真が多かったので、「特別編」という扱いになり、紙面をジャックしてしまった。編集長の寛大な対応に、この場を借りて御礼申し上げたい。

一方で、第91回は、編集長からの要望に従って、続きのテーマに割り込む形で別の話題を掲載している。筆者の気ままな執筆を受け入れてもらっている分だけ、たまには編集長の要望に応えないとフェアじゃない。そのような「持ちつ、持たれつ」の関係で本連載は続いている。

しかし、悩んだのは二〇二〇年二月以降の原稿である。新型コロナウイルス(COVID-19)感染症が日本でも拡大傾向にある時期で、横浜港に停泊したクルーズ船「ダイヤモンド・プリンセス号」でウイルス感染が確認されて日本中が大騒ぎになっていた。その後、筆者のもとに「コロナウイルス禍で警備業はどうなるのか」「警備業に何ができるか」といった質問が多数寄せられた。

筆者は感染症対策の専門家ではないので、ほとんどの質問に答えられない。しかも、本連載の原稿は掲載の一～二ヶ月前に書き上げておくのが通例となっている。はたして、刻々と状況が変化する中で、どこまで最新の情報を取り入れたらよいのか。また、本連載で何かしらメッセージを発するべきなのかどうか、しばし考えた。

そして、悩んだ末に「あえてコロナウイルス禍の状況にこだわらず、別の話題を取り上げる」と決めた。日本中、いや、世界中がコロナウイルス禍の話題で一色になっているからこそ、毛色の違う話題を取り上げた方が読者の気分転換になるだろうし、先行きが不透明な状況では迂闊なことは言えないと判断したからである。

ただし、本書収録の第117回だけは、どうしても黙っていられずに私見を述べた。コロナウイルス禍の前に、第101回と第102回でバイオテロやパンデミックの話題を出していたが、まさか掲載の数ヶ月後にパンデミックが発生するとは思わなかった。たしかに予言めいたことを述べているが、あくまで偶然であり、「田中先生はコロナウイルス禍を予測していた」「まさに予言者だ」などと煽られるのは本意ではなかったからだ。

もちろん、それらの言葉を読者からいただいたことで、本連載が多くの人に愛読されていることを実感し、大いに励まされた。そもそも、本連載があったからこそ問題提起をして、その反響に対する私見も述べられたので、良い機会を与えていただいたと感謝している。この場を借りて、読者の皆様へ御礼を申し上げたい。

また、当初の見込みでは、本書は二〇二〇年一〇月頃には発刊するはずだった。第120回の原稿を脱稿したのが同年四月下旬(掲載は六月)で、すぐに加筆修正を始め、夏には出版社へ入稿するつもりでいた。

ところが、コロナウイルス禍の影響を受け、大学はオンライン授業で新学期を始めることになり、筆者も教員の一人として不慣れな授業準備に追われた。準備にかかる時間と労力は通常と比べて三倍以上になり、パソコンに向かって教材を作成したり、試行錯誤しながら画面越しの通話に明け暮れる日々を過ごしていた。

自転車操業になった結果、本書の出版計画は数ヶ月間、手つかずのまま放置してしまった。それでも、紙面の休載だけはしないように新しい原稿を書き続けていたし、並行して他のプロジェクトの研究成果も公表した。

一方で、その間も警備業界はコロナウイルス禍の苦境から脱するために次々と策を打ち、動き続けていた。従来とは違う発想で、新たな取り組みを始めている警備業者も多いだろう。先進的な取り組みを続けている読者からすれば、本書の内容は「もう古い」「今更どうでもいい」などと言われてしまうかもしれない。

そのような反応があり得ることを覚悟しながら、前巻までと同じく、本書でも掲載当時の情報は基本的に更新せず、あえて掲載当時のままにした。なぜなら、本書収録の第100回で述べている通り、「二〇〇年後の読者」に掲載当時の状況や筆者の考えを、できるだけリアルに伝えたいと思っているからだ。

ただし、単行本では警備業とは無関係の読者も多くなるので、業界用語や略語などに詳しい説明を加筆するなど、随所に修正を施した。そのため、掲載当時と文面が違う箇所があることをご了承いただきたい。図表については、より詳細な図版へ差替えたり、不要と判断したものを削除した。これらの加筆修正の方針は、前巻までと同じである。

最後に、平素からお世話になっている警備保障新聞新社の田中純一編集局長と中川芳明編集長、そして出版を引き受けてくれた現代図書の飛山恭子様に、この場を借りて御礼を申し上げたい。残念ながら、警備保障新聞新社の増澤滋代表取締役社長は二〇二〇年九月に逝去され、本書を手に取っていただくことは叶わなかったが、生前の御恩に感謝するとともに、哀悼の意を表する。

二〇二一年三月吉日

田中　智仁

目次

第81回　暗澹たる警備保障論……遺体への慣れ

（二〇一七年一二月五日・一五日合併号　第一九八号掲載）

先日、とあるコンサルティング業者から筆者のもとに問い合わせがあった。なんと、「警備業の経営コンサルタントになってほしい」という依頼である。困惑しつつ理由を尋ねると、「警備業者の経営に詳しいと思いまして」ということだった。

丁重にお断りしたが、「またか」と思った。筆者の専門を「経済学」や「経営学」だと誤解するのは日常茶飯事で、実在しない「警備学」という学問だと思い込む人もいる。また、「危機管理の専門家」として意見を求められることも多いが、これもお門違いだ。

毎回プロフィール欄に記載している通り、筆者の専門は「犯罪社会学、警備保障論」である。その意味は、「犯罪社会学に依拠して警備保障を論じている人」だ。あくまで専門の学問は犯罪社会学で、その研究対象として警備業に着目している。

とはいえ、警備業には多様な論点があるので、犯罪社会学の枠に収まる研究対象ではない。そのため、本連載では「餅は餅屋」ではなく、「何でも屋」（便利屋？）になると腹をくくり、「あれも、これも」と多彩な話題を取り上げている。

一方で、仙台大学では犯罪学関連の授業を担当しているため、専門に合致した質問が学生から寄せられる。この一ヶ月ほどで最も多く寄せられたのは、やはり「座間九遺体事件」に関する質問である。学生たちは被疑者の「異常性の高さ」に興味津々なのだ。

学生の気持ちもわかる。二七歳の男性被疑者が自宅アパートで、若い女性八人と男性一人を殺害し、遺体を切断してクーラーボックスに入れ、しばらく遺体と同居していたのだから、衝撃は大きい。被疑者が常軌を逸していると感じるのは、無理からぬことだ。

しかし、あくまで二〇一七年一一月末時点の情報に基づいた回答だが、筆者は被疑者が「殺人・遺体切断に慣れただけ」ではないかと考えている。すなわち、被疑者の異常性が際立って高いとは考えていないのだ。この回答に、学生たちは一様に驚く。

もちろん、回答には論拠がある。どれほど凄惨な現場であろうと、無残な遺体があろうと、そこに立ち入って職務をこなす人々がいる。具体的には、警察官や消防士などの公安職、そして特殊清掃員などの民間事業者である。また、検視を担当する医師も、遺体に接触し、隈なく観察して死因や死亡推定時刻などを特定する。

いくら職務であるとはいえ、最初は顔を背けることもあるだろうし、卒倒する者もいるだろう。しかし、訓練を重ね、場数を踏むうちに、平然と対応できるようになる。これと同じように、座間九遺体事件の被疑者も「殺人・遺体切断に慣れた」と考えられるのだ。

むしろ、遺体に慣れ過ぎると、物的な扱いをする可能性もある。そのため、「死体取扱規則」の旧規則では、第五条に「死体の取扱いに当たっては、死者に対する礼が失われることのないよう注意しなければならない」とまで明記されていた（捜査実務研究会編著『現場警察官のための死体の取扱い』立花書房、二〇〇八年、五五頁）。

現在も、「警察等が取り扱う死体の死因又は身元の調査等に関する法律」の第二条に同じ趣旨の規定がある。人間である以上、生理的・心理的に「慣れ」が生じるのは仕方がない。だからこそ、法的に「礼を失うな」と釘を刺しているのである。

それでは、警備員はどうだろうか。一号警備業務の現場であれば、警備員が自殺体や病死体などの発見者になることもある。また、二号警備業務や三号警備業務でも、交通事故の現場に遭遇して、轢死体などを目にする可能性がある。

もちろん、警備員はあくまで通報と現場保存が主な職務であり、遺体に接触するのは他の専門職に任せればよい。しかし、遺体を目の当たりにして逃げ出したり、卒倒したり、遺体を毛嫌いするようでは、あまりにも頼りがいがない。

一方で、警備員も遺体に慣れ過ぎると、物的な扱いをする可能性がある。警備業務に従事する者として、冷静沈着に対応することも重要だが、死者への礼を失ってはならない。場合によっては、遺族や関係者の反感を買うことになるだろう。

ところが、警備業の関連法規には遺体の取扱いに関する規定がない。そのため、法的な裏付けをもとに対応要領を策定したり、礼を失うなと釘を刺すことができないのだ。遺体発見時の対応要領や礼については、日頃の警備員教育で補うしかないだろう。

ただし、警察官志望の学生でさえ、「遺体発見時に現場で対応するのは警察官だよ」と話すと一様に興ざめする。学生たちは「頼もしいお巡りさん」に憧れて警察官を志望しているが、遺体の取扱いはイメージしていないのである。

警備員教育も同じで、いきなり新任教育で遺体発見時の対応要領を教示すると、怯えてしまうのではないか。人手不足が深刻化する中で、せっかく応募してきた人材を逃すような事態は避けたいところだ。じっくり時間をかけて教育するのが得策

また遺体発見?
今月3件目よ…
まあいいわ、適当に
対処しておくから

●図 81：遺体への慣れ

出典：「イラスト AC」フリー素材を使用して筆者作成

である。

座間九遺体事件は全容解明に時間がかかる見込みなので、今回は「遺体への慣れ」に特化したが、筆者の専門に限定すると毎回このような話題になる。ちっとも「気まま」じゃない「暗澹たる警備保障論」になるので、読者も気が重いだろう。やっぱり「何でも屋」でいいや。

※筆者は授業で犯罪学全般を講義していますが、法医学については「そういう分野もある」という程度の紹介にとどめ、詳細な説明は割愛しています。法医学の教科書には刺殺体や裂傷などの生々しい写真が多く掲載されていますので、強い精神的ショックを受ける学生がいると予想されるからです。

また、過去に被害経験のある学生が、講義によってフラッシュバックを起こす可能性もあるため、途中退席や欠席を認めています。言いかえれば、「出席を重要視していない」ことになるので、文部科学省の方針に反しますが、犯罪学関連の授業には特別な配慮が必要だと考えています。

なお、座間九遺体事件は二〇二〇年末までに全容が解明され、二〇二一年一月五日に被告の死刑が確定しました。そのため、メディアでは事件名を「座間九人殺害事件」に改めていますが、本書では掲載当時の名称のままにしました。

第82回　宿泊施設の警戒線……境界の文化的差異

（二〇一八年一月一日　第一九九号掲載）

「あけましておめでとうございます」と言いたいところだが、「仕事が忙しくて、それどころじゃない」という読者が多いことだろう。初詣、初売り、新春スポーツイベントなどの警備で、多くの警備業者がフル稼働しているはずだ。筆者も毎年のことながら、卒論の添削に追われて、正月を満喫できる状態ではない。

一方で、世の中には正月を満喫できる人も多い。「正月を行楽地で過ごした人のUターンラッシュがピークをむかえています」などとニュースで報じられる。そのたびに「混雑に巻き込まれて大変ですね」と負け惜しみするのも、毎年のことである（行楽地か…いいなぁ、羨ましい）。

とはいえ、「行楽地で過ごす」と言っても、皆が同じ条件ではない。特に、宿泊施設での過ごし方は、旅館なのかホテルなのかによって大きく異なる。旅館であれば浴衣姿で館内を自由に歩き回れるし、旅館によっては庭に出ることも可能だ。

しかし、ホテルになると、バスローブなどの部屋着で館内を歩き回るのは憚られる。同じフロアの自販機に行くだけならギリギリセーフかもしれないが、フロントやレストランなどの「公衆の面前」に部屋着で行くのはアウトとなる。

この違いについて、文化人類学者の斗鬼正一は「内」と「外」という境界の作り方が文化によって異なるからだと説明する（『頭が良くなる文化人類学』光文社新書、二〇一四年、一〇八頁）。

斗鬼によれば、旅館は建物全体が一つの大きな家（つまり「内」）であり、宿泊者同士も他人といえども「内」の人なので、大広間で一緒に食事をしても、大浴場で一緒に裸になっても構わない。つまり、館内では「内」と「外」の境界がそれほど重要ではないのだ。旅館の場合、「内」と「外」の境界は建物の外壁にある。

一方で、ホテルでは「内」と「外」の境界が各部屋のドアにあるので、部屋を一歩でも出れば街路と同じ「外」になる。そのため、部屋着で歩き回ると白い目で見られるのだ。これが境界の文化的差異である。

ここまでの説明は、斗鬼に限らず、「境界論」の典型例として挙げられることが多い。本連載でも、これまでに「ハレ」（非日常）と「ケ」（日常）の二分法で警備業務を考察してきたが、「内」と「外」の境界と同じ発想である。

ところが、「内」と「外」の境界を二分法ではなく、「警戒線」に基づいて考えると、一気に深みが増す。本紙の読者であればご存じだろうが、警戒線は施設警備の開閉館管理に関わる警戒エリアの境界線である。通常は図82のように第1から第4まで設定される。

基本的に、敷地の外周（土地の境界）が第1警戒線、敷地内の建物の外周が第2警戒線、建物内の部屋やしきりが第3警戒線、警備対象者の身辺や警備対象物の周囲が第4警戒線となる。

当然ながら、宿泊施設は「施設」なので、基本的に第1から第4までの警戒線がある。先程の斗鬼の説明に従えば、旅館の場合は基本的に第2警戒線、ホテルの場合は第3警戒線が「内」と「外」を分ける最も重要な警戒線ということになる。

しかし、どの警戒線が「内」と「外」の境界として最も重要なのかは、実際のところ施設の方針によって異なる。浴衣姿で庭に出られる旅館もあれば、ダメな旅館もある。浴衣姿で庭に出られる旅館であれば庭も「内」なので、「内」と「外」を分ける最も重要な警戒線は第1警戒線になる。

ようするに、「旅館の場合は第2警戒線が最も重要だ」とは言い切れないのである。同様に、ホ

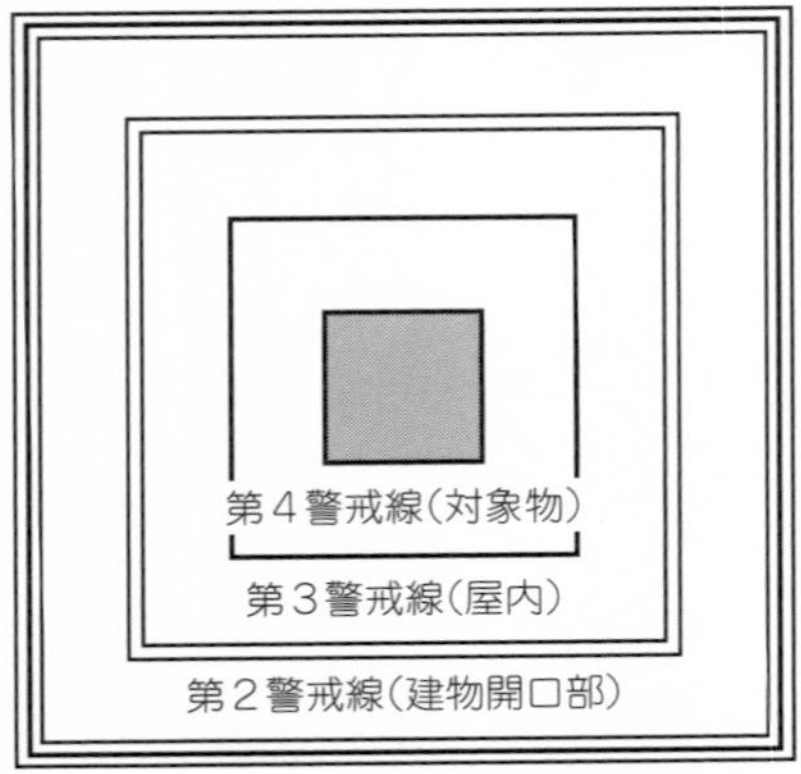

●図 82：「警戒線」のイメージ

出典：『教本施設警備業務二級』（NPO 法人警備人材育成センター、2015 年、70 頁）

テルについても一律には規定できない。ホテルでも「第2警戒線が最も重要だ」と言える場合がある。

例えば、「カプセルホテル」はホテルの一種であるが、館内を浴衣姿（しかも裸足）で歩き回れる半面、個室であるカプセルはカーテンなどの簡易な仕切りしかない。つまり、カプセルホテルは「旅館以上に旅館的」なのだ。

そもそも、宿泊施設は旅館とホテルだけではない。コテージやバンガロー、ユースホステル、さらにテントも含めれば、多種多様である。コテージやバンガロー、またはユースホステルであれば、建物の外壁が存在するので、第2警戒線があることは明白である。

しかし、出入自由の相部屋や広間で寝るならば、第3警戒線は重要視できない。ましてや、テントで宿泊する場合、一応はテントが第2警戒線になるだろうが、建物の外壁に比べれば明らかに脆弱だし、雑魚寝なので第3警戒線も存在しない。体温保持などの効果を考えれば、寝袋が第4警戒線であり、それが最も重要な警戒線となる。

また、テントの場合も、キャンプ場として整備されている場所なのか、それとも野山を分け入って設営するのかによって条件は異なる。キャンプ場であれば「施設」とみなして第1警戒線を設定できるが、野山であれば第4警戒線しか設定できないだろう。

ここまでくると、警備業務の区分も超越する。多くの宿泊施設は施設警備（機械警備も含む）で対応できるが、野山のテントになれば身辺警備（緊急通報サービス）でしか対応できない。「内」と「外」の境界を警戒線で考えると、その奥深さに気づかされるのだ。

とりあえず、以上のように考察してみたが、「正月を行楽地で過ごした人のUターンラッシュが…」というニュースを見て、「あの人たちはどこに泊まったのか、警戒線はどうだったのか」と考えているようでは、筆者が今後の人生で行楽を心から満喫することはないだろう。

第83回　「見られないもの」に興味津々……カリギュラ効果

（二〇一八年一月一五・二五日合併号　第二一〇〇号掲載）

筆者はかつて、警備員として東京都内の地下構の工事現場で巡回・点検業務を担当したことがある。といっても、筆者が担当したのは構内ではなく、地上の車道に張られていた大規模な規制帯であった。

現場が繁華街にあったこともあり、様々な事案が発生した。交通量が多く、通行車両が規制帯に接触するのは日常茶飯事であった。他にも、風で養生シートが剥がれたり、回転灯などの照明機材に不具合が発生することもあったので、忙しい現場だった。

もっとも衝撃的だったのは、規制帯内に「サバ」とみられる魚の死骸が落ちていた事件だ。「どうして都内の工事現場に魚が!?」と、同僚の警備員と一緒に首をかしげつつ、現場監督に報告した上で処分した。通称「サバ事件」である。

この「サバ事件」の全容が解明できないことに、筆者は今でも悶々としている。今のところ「いたずら説」と「処理に困って捨てた説」が有力である。当初は「通行車両が落とした説」も挙がったが、鮮魚を丸出しで車両に乗せ、繁華街を通行するとは思えない。しかも、サバは「足が早い」(傷みやすい)ので、厳重に管理して運搬するだろう。そのため、「通行車両が落とした説」は早々に却下された。

また、「空から落ちてきた説」もあった。その場にあるはずのない異物が空から落ちてくる現象を「ファフロツキーズ」(怪雨)という。竜巻などで巻き上げられた魚が遠くの地に落下したり、鳥が咥えた魚を落としたりして、魚が降ってくることがあるらしい。

例えば、二〇一六年五月八日に甲子園球場で開催された阪神タイガースvs東京ヤクルトスワローズ戦では、試合中に魚の死骸が空から落ちてきたという珍事があった。おそらくファフロツキーズであろう。

このニュースを見たとき「これか！」と思ったが、あくまで仮説なので真相はわからない。鳥類の「つば九郎」やネコ科の「トラッキー」が落とした説も考えたが、そんなものは一人のプロ野球ファン（筆者のこと）の妄想にすぎない。やはり、「サバ事件」を解決する糸口はつかめなかった。

このように怪奇現象まで発生する不思議な現場だったが、筆者たち警備員を日常的に悩ませたのは、規制帯内への侵入事案である。交差点の横断歩道まで行くのが面倒なので、規制帯を横切って道路を渡る人が多く、そのたびに拡声器で「横断禁止です！」と警告した。

とはいえ、「横断禁止」は百も承知なので、ほとんどの人はそそくさと走り抜けていく。現場監督でさえも、「警備員の制止を無視したわけだから、どうぞご勝手に」と割り切っていた。規模の大きさゆえに、そうせざるを得ない現場だった。

しかし、「どうぞご勝手に」とは言えない箇所があった。地下構内の残土や資機材を搬出入するための開口部である。柵があるとはいえ、深さ数十メートルの穴で、落ちたら即死だ。安全帯を付けて作業する箇所なので、警備員も不用意に近づかないようにしていた。

その危険極まりない開口部こそが、意外な人気スポットだった。第三者が規制帯内に立ち入り、開口部を覗き込む事案が少なからず発生したのだ。第三者が転落死したら、警備責任は重大である。直ちに覗き込みを制止し、規制帯の外へ退去させる必要がある。

このときは、腫物に触るような対応が求められる。覗き込んでいる人は穴の中に夢中なので、背後から駆け寄ったり、拡声器で呼びかけたり、警笛を吹こうものなら、むしろ驚いて転落する可能性がある。とにかく刺激を与えないようにするのだ。

まず、開口部の対角に回り込み、肉声で「あのー、すみませんが…」とおもむろに話しかけ、警備員の存在に気づいたところで、穏便に開口部から遠ざける。そして、「チョットくらい見せてよ、ケチ！」などと理不尽なことを言われつつ、すみやかに退去を促すのだ。

このような事案が一日に一～二件ペースで発生していた。筆者を含め、警備員たちは「工事現場の穴なんか覗いて、何が楽しいんだろうね」と不思議がった。サバ事件が「特異な不思議」であったのに対して、開口部の覗き込みは「日常の不思議」であった。

今となって考えれば、「カリギュラ効果」であった可能性が高い。カリギュラ効果とは、禁じられると見たくなる心理現象のことである。映画『カリギュラ』がアメリカの一部

●図 83：開口部を覗く第三者

出典：「イラスト AC」と「シルエット AC」フリー素材を使用して筆者作成

で公開禁止になり、かえって「観たい」と思われたことに由来している。

開口部を覗き込んでいた人々は、工事現場が立入禁止であることも、覗き込むのが危険行為であることも知っている。それでも、地上からは見えない場所で、何がどのように行われているのかが気になるのだ。

そうなると、「立入禁止ですよ」とか「危ないですよ」と言えば、かえって好奇心をかき立て、より興味津々になる。実際に、「ダメですよ」と制止しただけで済ませようとすると、不満気な表情になる人が多かった。

一方で、退去を促しつつも、「今、地下街を造っています。地下鉄の駅に直結する予定です」と簡潔に話すと、満足する人が多かった。思い返せば、この現場は工程表などの事務的な文面ばかりが貼り出されており、完成図などの視覚的なイメージは少なかった。そのため、同様の事案が頻発する現場があれば、構内の写真や完成図などを示して、第三者の「見たい」「気になる」という好奇心に応える努力が必要になると考えられる。

ちなみに、カリギュラ効果は心理学用語として紹介されることもあるが、学術的には効果が実証されていない。サバ事件に続き、こちらも仮説ということになる。やっぱり現場は「不思議」が多い。

第84回　官製行事としての成人式……対抗文化①

（二〇一八年二月五日　第二〇一号掲載）

例年は「荒れる成人式」が話題となるが、二〇一八年は稀にみる平穏な成人式であった。むしろ、和服着付業者「はれのひ」の唐突な閉店が問題になり、その話題で持ちきりとなった。

一方で、成人式の警備を担当した警備業者は、戦々恐々だったのではないだろうか。結果的に二〇一八年の成人式は平穏に終わったが、事前には「荒れる」ことを想定していたはずだ。成人式の会場で事故が起きれば「警備の不手際」と言われ、威圧すれば「過剰警備」と叩かれる。また、警備員が受傷する可能性もある。なかなか難しい警備だ。

今後も、当面は荒れることを前提として、成人式の警備体制が組まれるだろう。その中には、茨城県つくば市のように、「まるで空港の手荷物検査」と言われるような厳戒態勢もある（産経新聞二〇一八年一月七日一五時〇八分配信）。

二〇一七年の成人式で初めての逮捕者を出したつくば市は、二〇一七年一二月の時点で、二〇一八年一月七日に開催する成人式で警備員を例年の四倍（四〇人）に増員するだけでなく、新成人が壇上に上がれないように、鉄柵を設置する方針を示していた。

これほどの厳戒態勢に「動物園かよ！」というツッコミがある一方で、成人式で暴れるのは「つくば市の文化」であり、後輩たちが新成人の暴れっぷりを「カッコいい」と見学する風潮もあると報じられている（J-CASTニュース二〇一七年一二月二一日配信）。

もちろん、「つくば市にそんな文化はない」という反論もあるだろうが、そうなると、「なぜ成人式が荒れるのか」という根本的な要因を考える必要がある。そこで注目したいのは、「ハレの場」「自治体主催」「対抗文化」という三つの論点である。

一つ目の「ハレの場」は、本連載で何度も紹介してきた着眼点だが、ハレ（非日常）は「お祭り」に代表されるように、騒ぐことが許容される場である。その場の雰囲気で大勢の人々が騒ぐことを「集合的沸騰」という（本連載第62回、単行本第二巻収録）。

しかも、成人式は「一生に一度」という一発勝負の大舞台だ。それに、重大な事故にならない限りは、「若気の至り」で許してもらえる。「暴れっぷり」を見てほしい新成人にとっては、絶好の機会である。

とはいえ、「無礼な振る舞いは許さん」という人も多いだろう。そこで重要になるのが、二つ目の「自治体主催」という要因である。

よく、成人式のルーツは「元服の儀」だと言われるが、実際は一九四九年に文部省（当時）が戦災復興の一環として始めた官製行事である。文部省の方針に従って、各自治体が成人式を主催するようになった。そのため、「どうせ自治体が主催している官製行事だから、無礼があっても構わない」と考える人がいるかもしれない。

本来の元服は、成人する若者が氏神の前で式をあげ、親族や地域住民らに成人した姿を披露する通過儀礼なので、現在の成人式とは様相が異なる。

普段は「やんちゃ」な若者でも、さすがに「氏神」「親族」「地域住民」らの前で羽目を外すわけにはいかない。うかつに暴れたら、生涯にわたって後ろ指をさされる。また、幼少からよく知る人々に囲まれて「おめでとう」と言われたら、素直に嬉しい。

ところが、現在の成人式で「おめでとう」と言うのは自治体の長や来賓である。新成人から見れば、「見ず知らずの他人」であり、「任期中の公務」として社交辞令を述べている人にすぎない。熊本県阿蘇市の佐藤義興市長は、毎年の成人式で歌い踊ることで有名だが、そのような人は全国的には稀有な存在である。

小規模な町村であれば、町長や村長と面識があったり、無投票で何期も同じ人が長を務めることも稀ではないので、まだ愛着がある。しかし、市区ほどの大規模な自治体になれば、市長や区長は選挙で替わるし、ましてや「氏神」のように崇めることもない。

そのような立場の人から「おめでとう」と言われても嬉しくないし、長々と訓示を聞かされても心に響かない。それでも、「若者の気持ちがわからない」と思う読者がいたら、やたらとスピーチが長い食事会に出席したときの気持ちを思い出してほしい。

　食事会の開会にあたって、役員や来賓が次々と登壇し、長々とスピーチをする。そして、「それでは乾杯に移ります」となり、いよいよ料理にありつけると思ったところで、「乾杯の音頭」が五分くらい続いたときの「うんざり」は凄まじい。

　新成人の多くは、成人式の後に同級生との食事会（同窓会）を予定している。その食事会こそが楽しみなメインイベントであり、成人式は「開会宣言」にすぎない。すなわち、社交辞令ばかりの「開会にあたって」の挨拶を、一時間以上（自治体によっては二時間以上）も聞か

この市長、いつまで喋るのかな…
早く同窓会やりたいな～
ご成人おめでとう！
皆様の門出を、市長として
心からお祝い申し上げます

●図 84：新成人の心境
出典：「いらすとや」フリー素材を使用して筆者作成

されている心境なのだ。

大規模な自治体になるほど、成人式は退屈な時間が過ぎるのを待つだけのイベントになるので、「ひと暴れして、場を盛り上げよう」という発想になるのは無理もない。それに、長に対する無礼があっても「任期が終わればただの人」なので、後腐れがないのだ。

それでも、「多くの新成人はおとなしく座っているのだから、暴れる奴はけしからん」というお叱りもあるだろう。なぜ、暴れる新成人は一部に限られるのか。その理由として、三つ目の「対抗文化」が挙げられるのだが、その説明は次回のお楽しみ。

第85回　成人式で暴れる人／暴れない人……対抗文化②

（二〇一八年二月一五・二五日合併号　第二〇二号掲載）

前回は成人式が官製行事であることを説明し、一部の暴れる新成人に理解を示すような見解を述べた。それでは、多くの新成人がおとなしく座っているのに対して、なぜ一部の新成人は暴れるのか、「対抗文化」に着目して説明したい。

対抗文化とは、辞書では「既存の文化や体制を否定し、それに敵対する文化」（『大辞泉』デジタル版）と説明されている。この説明を読むかぎりでは、かつての左翼系の学生運動や、昨今の沖縄県の米軍基地移設反対運動などの政治的な反体制活動をイメージしやすい。

このイメージは間違っていない。政治的な反体制活動は、対抗文化の代表例である。そして、政治的な反体制活動を抑え込むのが警官隊であり、現在でも警察用語の「警備」にはそのニュアンスが含まれている。

しかし、成人式で暴れる新成人は、政治的な反体制活動を行っているわけではないし、対峙する警備員も「警官隊」とは立場が違う。すなわち、「対抗文化」をもっと広い意味で考える必要があるのだ。

そこで参考になるのは、イギリスの社会学者ポール・ウィリスが明らかにした反学校文化である（熊沢誠・山田潤訳『ハマータウンの野郎ども』ちくま学芸文庫、一九九六年）。

イギリスの中等学校にも、教師に反抗する「落ちこぼれ」の生徒たちがいた。教師に従って真面目に勉強していれば、有望な就職が見込めるはずなのに、彼らは学校で暴れまくる。そして、卒業後に工場などへ就職し、下級の労働者になっていく。

ウィリスは、なぜ彼らは有望な就職の機会を逃すような真似をするのかに疑問を抱いた。教師に反抗しなければ、下級の労働者にならずに、幸福な人生を歩めるはずだからだ。しかし、彼らへのインタビューで明らかになったのは、予想外の事実だった。

彼らの多くは貧しい労働者の家に生まれ育っている。もし真面目に勉強してよい成績を修めても、大学などへ進学する資金がない。つまり、熱心に勉強しようが、勉強をサボろうが、彼らには「下級の労働者になる」という進路しかないのである。

しかも、学校で教えられているのは、裕福な中産階級以上の生徒が学ぶべき知識や文化なので、自分たちの将来に活かせない。そのため、彼らにとっては、学校で学ぶこと自体が「無駄」なのだ。

そうなると、彼らは無駄な学校生活の時間を、少しでも有効に使おうする。そこで生まれたのが、「教師に反抗する」という対抗文化である。なぜなら、いずれ工場に就職したら、工場長などの管理職と対立することが多々あるからだ。

そのときに、「正しい反抗」のやり方を体得していないと、うっかり相手を殺してしまったり、職場を崩壊させてしまうかもしれない。それはマズいので、一定のルールや手加減などを学校にいるうちに体得する。それが教師への反抗なのだ。

日本の暴走族も、警察を「おちょくる」ことはあるが、警察官や通行人を撲殺することは滅多にない。また、「卒業年齢」や「出戻り禁止」などのルールを族内で決めて、ルールを破った者には厳しく対応する。こうして、彼らは「非行少年」の対抗文化を守ってきた。

そう考えると、「荒れる成人式」で有名になった茨城県つくば市は、筑波大学を中心とした「学園都市」として発展したことで、かえって学問とは無縁の若者たちの対抗文化を生み出す土壌になった可能性がある。

また、「派手な成人式」で有名な福岡県北九州市も小倉の工業地帯の文化があるし、沖縄県も琉球処分などの歴史を考えれば対抗文化が根づきやすい土壌であろう。相手が「政府」であれ「教師」であれ「工場長」であれ、対抗文化には社会的背景があるのだ。

ご当地の社会的背景を考えずに、暴れる新成人を一方的に抑え込むだけなら、政治的な反体制活動を「警備」した警官隊と同じになる。しかし、警備業はサービス業である。特に地場の警備業者であれば、ご当地の社会的背景を汲む努力も必要ではないか。

ただし、気がかりなことがある。犯罪社会学者の土井隆義が指摘した、「非行少年の消滅」である（『〈非行少年〉の消滅』信山社、二〇〇三年）。

土井は、一人ひとりの「個性」が重要視されるあまりに、若者が自分で感じるままに動くようになったと指摘する。その結果、かつての非行少年の対抗文化が継承されず、相手との関係や反抗の意味を考えない事件が目立つようになったという。

すなわち、「非行少年の消滅」とは、非行少年が消えたのではなく、個性神話によって非行少年の対抗文化にあったルールや手加減が忘れ去られた状態を意味する。実際に、暴走族（共同危険型）の人数にも、その一端が表れているのではないか。

図85の通り、暴走族の総人員は減少傾向にあるが、グループ未加入者は多少の増減を繰り返しつつ、ほぼ横ばいである。共同危険型（徒党を組んで蛇行運転などを繰り返す型）でさえ、個人志向が堅調となっている。

筆者としては、対抗文化を守る「荒れる新成人」よりも、対抗文化を継承していない「何でもありの若者」の方が怖いのだが、皆様はどう考えるだろうか。

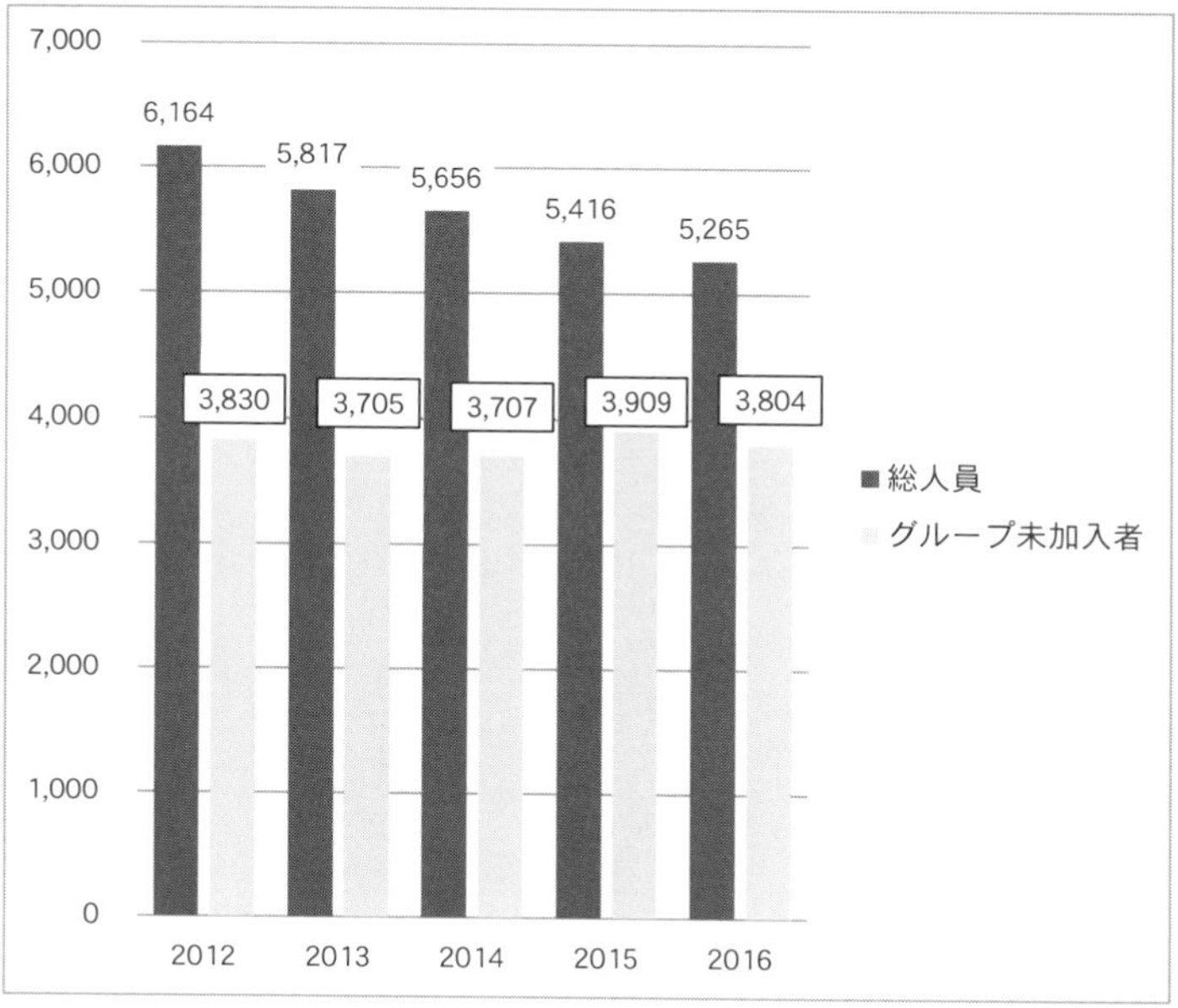

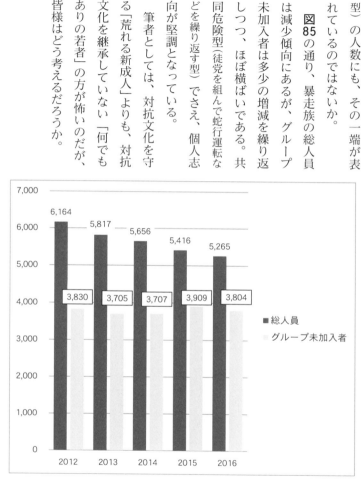

●図 85：共同危険型暴走族の動向

出典：『警察白書（平成二九年版）』をもとに筆者作成

第86回　警備業界は互助できるか……「はれのひ」の教訓

（二〇一八年三月五日　第二〇三号掲載）

前回まで二回にわたり、成人式が荒れる要因を「ハレの場」「自治体主催」「対抗文化」という三つの論点から考えてきた。とはいえ、今年の成人式で話題をさらったのは、やはり和服着付業者「はれのひ」の唐突な閉店であろう。

本連載では成人式を「官製行事」だと説明し、やや冷めた見方をしてきたが、所詮は学者の戯言（たわごと）である。成人式に臨む親子にとって、一生に一度の式典であり、大事な思い出になることは言うまでもない。

その思い出を踏みにじった「はれのひ」の経営者に対して、筆者も強い憤りを覚える。一方で、閉店が確定しながらも着付に尽力した「はれのひ福岡天神店」のスタッフや、緊急事態で最善を尽くした同業者の存在によって、一筋の光明がさした。

そして、二月一二日には「はれのひ八王子店」の被害者を対象として、「八王子プレゼント成人式」が開催された。市内の呉服店の女性が企画し、八王子市が後援したイベントである。協賛金も全国から二五四万円余が集まった（時事通信二〇一八年二月一二日二二時〇〇分配信）。

被害者救済に奔走した同業者、イベントを後援した自治体、協賛金を出した人々に心から敬意を表したい。ところが、清々しい気分になる一方で、筆者は一抹の不安を抱いた。「もし、警備業界で似たような事態が発生したとき、互助は可能なのか？」と。

もちろん、警備業界も自治体と災害協定を結んだり、大型のイベント警備などではジョイント・ベンチャー（JV）を組んで互助に勤しんでいる。その中には、採算を度外視して協力した事例もある。したがって、警備業界が互助に無関心であるとは思わない。

しかし、綿密に警備計画を練っていても、突発的に大勢の警備員が勤務できなくなる事態もある。特に冬季は、インフルエンザやノロウイルスなどの流行によって、大量の欠員が出ることも想定しなければならない。

記憶に新しいのは、二〇一八年二月に開催された平昌オリンピックで警備員一、二〇〇人がノロウイルス流行のために業務から外れた事例である。症状が出たのは約四〇人であったが、感染拡大を防ぐために、症状が出ていない警備員もあえて外したのだ。

この事例では、韓国軍兵士九〇〇人を急遽動員して欠員補充に努めたが、軍の助けがあっても三〇〇人分の欠員が生じている（朝鮮日報日本版二〇一八年二月五日二一時四八分配信）。もし同様の事態が日本で発生したら、どうなるのだろうか。

この問いに対して、「千人以上の警備員が一斉に業務を外れる可能性は極めて低い」という反論もあるだろう。平昌の事例は「オリンピック」という超大型イベントだからこそ、千人以上の警備員がいた。それを、「通常業務と一緒に考えるべきではない」と。

たしかに、「一つのイベント」として考えれば、千人以上の警備員を動員する超大型イベントは稀である。しかし、「警備業界全体」で考えれば、各警備業者が日々実施している通常業務のどこかで、欠員が発生しているのではないか。

現在、全国に九千社以上の警備業者がある（「警備員なし」の業者も含むが）。仮に一社につき一人の警備員がインフルエンザかノロウイルスに感染したとすれば、九千人以上の警備員が業務を外れていることになる。むしろ、平昌の事例よりも事態は深刻である。

もちろん、社内の余剰人員で欠員を補充できるならば、それに越したことはない。しかし、深刻な人手不足により、「自家警備」まで必要になる現状で、余剰人員を確保している警備業者はどれほどあるのだろうか。

そうなると、欠員を補充できずに、警備計画書とは違う不充分な警備体制で業務を実施せざるを得ない現場もあると考えられる。それだけでも「契約不履行」になりかねないが、さらに事件や事故が発生すれば、なおさら警備業界の信用は失墜する。

はたして、「はれのひ」の被害者救済に尽力した呉服関係者のような同業者の互助は、警備業界で成立するのだろうか。ここで「成立する」と断言できればよいのだが、残念ながら一筋縄ではいかない。

警備業者間の互助はＪＶならば可能だが、そのためには事前に協定書、警備計画書、契約書を揃えなければならない。その旨は、警察庁が平成一五年一二月一五日付で通達した「警備業務の共同実施に関する指針について」に明記されている。

いつ、どの現場で、何人の欠員が出るかを予想して、各種の書面を揃えておくのは極めて困難である。そのため、突発的な欠員補充のために他社の警備員を急遽動員することは、現実的には不可能に近い。

現状では、**図86**のような感染症の流行時期などのパターンを読んで、警備員の予防接種を推奨するなどの労務管理を徹底するしかないだろう。とはいえ、このような頼りない結論を述べるのは、筆者としても本意ではない。

例えば、感染症による欠員を「災害」（パンデミック）とみなして、災害協定のように緊急時の互助が可能になるような議論をはじめるのはどうだろう。このような議論がない限り、警備業界はいつまでも「互助できない業界」のままである。

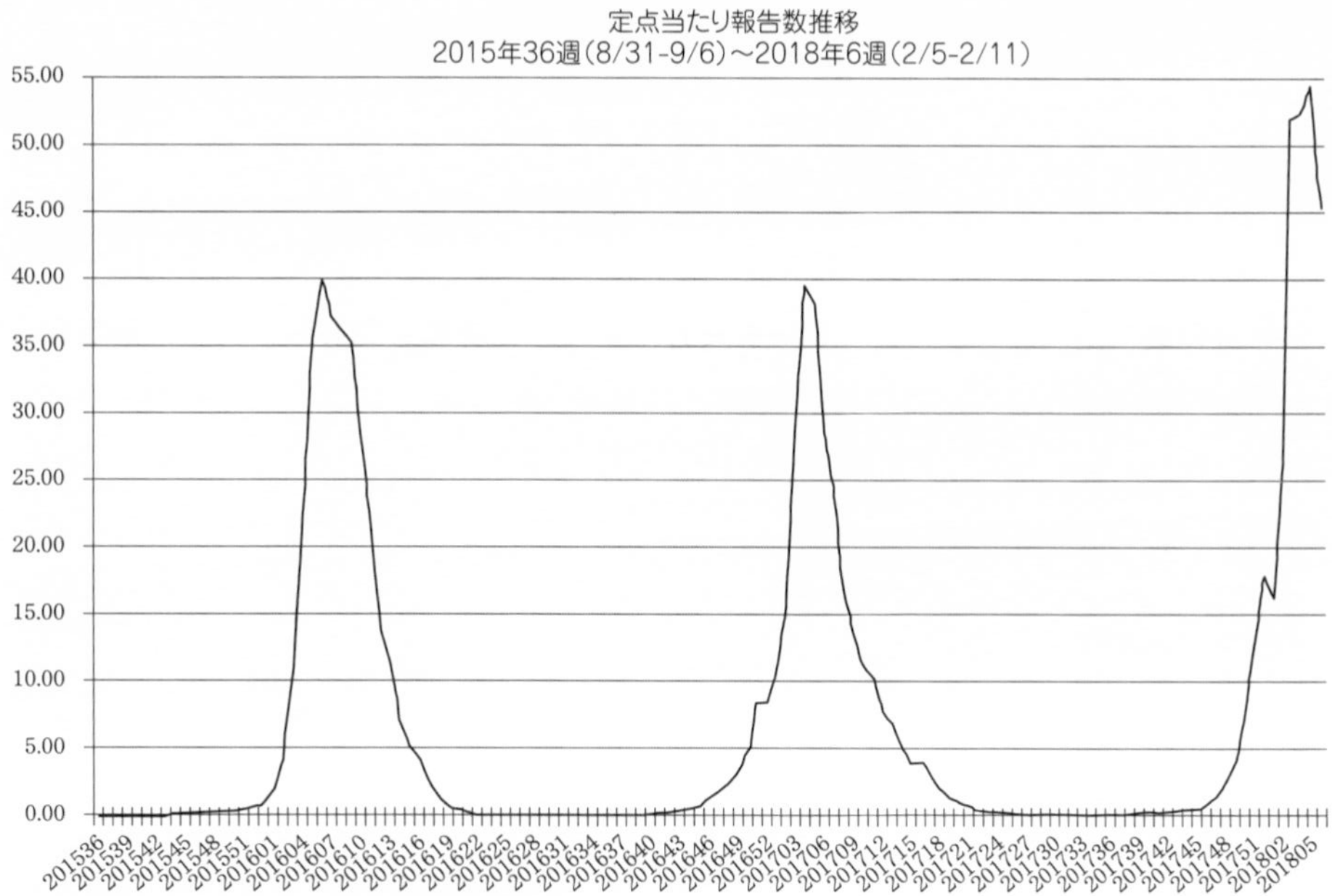

●図 86：インフルエンザの発生状況

出典：厚生労働省(平成三〇年第六週報道発表資料)

第87回 「施設管理権」は通用するか……禁止の法的根拠①

（二〇一八年三月一五・二五日合併号　第二〇四号掲載）

二〇一八年二月二三日、神奈川県のローカルニュースに、筆者の目が留まった。駅前でのビラまきなどの宣伝活動を禁止する行政の掲示物が、「法的根拠もなく表現の自由を制限している」との指摘を受け、撤去される事例が相次いでいるというのだ。

例えば、横浜市のみなとみらい二一地区にあるペデストリアンデッキには、横浜市西土木事務所名で「物品の販売、宣伝活動、ビラ・チラシの配布等の行為を禁止します」と記載された掲示物があった。

この掲示物について、自由法曹団神奈川支部が同事務所に対して、根拠となる法令や条例を尋ねたところ、「法的根拠がない」ことが明らかとなった。その結果、同事務所は一月二三日にこの掲示物を撤去するに至った。

この動きは相模原市や藤沢市にも広がっており、今後は川崎市にも撤去の働きかけを行うという。一般的には、無許可のまま路上でビラまきや宣伝活動を行うと、道路交通法に違反すると思われている。そのため、無許可を咎める人もいるようだ。

　しかし、同支部の弁護士によれば、憲法二一条で保障された「表現の自由」であり、道交法に照らしても「一般交通に著しい影響を及ぼさない限り、許可を求めることすら不要」ということだ（神奈川新聞二〇一八年二月二三日一〇時〇五分配信）。

　同支部の見解に対して、「多少なりとも周囲の迷惑になるから、禁止するのが妥当だ」という反論もあるだろう。一方で、筆者は同支部の見解に賛成である。日本が法治国家である以上、法的根拠がない「禁止」は不当だと考えるからだ。

　だからこそ、不当な「禁止」にならずに、迷惑な行為を制止するための方法を考える必要がある。例えば、鉄道業者は「車内での通話はお控えください」とアナウンスし、飲食店では「長居はご遠慮ください」と言って、迷惑な行為を制止している。

　これらは法的根拠のある「禁止」ではないので、「お客様のご協力」を促して、「お控えいただく、

持込禁止です
えっ？法的根拠？
法的根拠は？
施設管理権は
明文化されて
ないぞ！
さて、どうする？

●図 87：「禁止」の法的根拠は？
出典：「イラスト AC」フリー素材を使用して筆者作成

ご遠慮いただく」ように仕向けている。もちろん、実質的には「禁止」だが、形式的には「お客様の自発性を尊重」しているので問題にならない。

ちなみに、店内に長居している客へ退去を促しても従わない場合は、「不退去罪」や「威力業務妨害」が問われる可能性はあるが、よほど度が過ぎる場合に限られるだろう。法的根拠があっても、現場での対応は苦慮するのだ。

ところが、警備業務には「禁止」を明言する場面も多い。例えば、施設警備業務検定の出入管理要領には、カメラ付き携帯電話を「持込禁止品」として預かる手順がある。検定ではすんなりと預けてくれるが、実際の現場ではトラブルになることもあるだろう。

そのときに、「何の権限があるんだ」とか、「法的根拠は何だ」と言われたら、警備員はどう答えるだろうか。ここで何も答えられないようだと、警備業務の正当性が疑われる。

おそらく、「この施設のルールです」や「上の者からそのように言われています」といった答えもあるだろうが、教本を真面目に読み込んでいる警備員であれば、「施設管理権を委託されています」と答えるだろう。そう教えている指導教育責任者（以下、指教責）もいるのではないか。

しかし、教本でも説明されている通り、施設管理権は明文化されていない。そのため、「施設管理権」という文言を振りかざすだけでは、法的根拠として認められないのだ。法律に詳しい人から、「施設管理権は法的根拠にならないから、禁止するのは不当だ」と言われたら、どのように反論するのか。

この段階になると、もはや「施設管理権」という文言では通用しないので、その背景にある「所有権」や「占有権」、さらには「賃借権」などを踏まえて説明しなければならない。すなわち、施設管理権に含まれている個別の法的根拠を説明する必要があるのだ。

また、悪戯で業務を妨害する人や、乱暴な言動で周囲に迷惑をかける人などがいた場合は、軽犯罪法に基づいて、制止や退去を促すことができる。この場合は、所有権や占有権の委託を根拠にするのではなく、軽犯罪法を根拠にした施設管理権といえる。

さらに、手荷物検査で規定の長さを超える刃物が出てきた場合は、「持込禁止」ではなく「銃刀法違反」の疑いで警察に通報することになる。施設内での刺殺事件を防止する目的があるため、「テロ対策」にかかわる施設管理権だと考えられるだろう。

このように、施設管理権は明文化されていないだけに、様々な法的根拠を含んでいる。警備員が「施設管理権を委託されている」の一点張りではなく、「どの法的根拠に基づく禁止なのか」を説明できないと、かえって面倒な事態になるのだ。

とはいえ、警備員にとって法定教育の中で最も苦痛なのが、法律の講義の時間である。淡々とした講義が続くと、難しさもあって睡魔との闘いになる。いくら指教責が熱弁をふるっても、警備員が理解を深められなければ意味がない。

そのため、具体的なトラブルの事例（想定）を挙げて、解決策をグループワークで考えながら、法的根拠を解説するなどの工夫が求められる。当然ながら、指教責の負担も増えるので、無理せずに「警備員の皆さんと一緒に考えましょう」という姿勢で臨むのがよいだろう。

ただし、今回のニュースで施設管理権よりも気になったのは、「どのような行為が迷惑になるのか」である。次回は「迷惑とは何か」について考えてみたい。

第88回　「迷惑」の便利と理不尽……禁止の法的根拠②

（二〇一八年四月五日　第二〇五号掲載）

前回は「禁止」の法的根拠を考えたが、このテーマはかなり奥が深い。なぜなら、具体的に「どの法律の何条で禁止されている」と言えなくても、「原則」に基づいて禁止されるケースがあるからだ。

例えば、串カツの「ソース二度づけ禁止」は、それ自体を規制する法律はないが、「契約自由の原則」に基づいて禁止されている。

飲食店の場合、店は料理を提供する義務を負うが、客も料金を支払う義務を負う。こうして、お互いが義務を果たしあうことを条件として契約が成立する。同時に、店はあらかじめ禁止事項を示し、客もその禁止事項に合意して食事をしていると理解される。

多くの串カツ店では、卓上のソースは「共用」である。ソースに唾液が混じれば他の客は不快になるし、それで細菌が繁殖すれば衛生上の問題も生じる。また、他の料理の味移りがあれば、他の客は串カツの本来の味を楽しめなくなる。

すなわち、「共用」のソースを汚すことは他の客の不利益になるので、客はルールを守って食事を楽しめる環境をつくらなければならない。とはいえ、客同士でルールを徹底するのは難しい。そのため、店が客に対してルールを守るように要求するのだ。

また、「ソース二度づけ」を黙認したら、料理が万全の状態ではなくなるので、店は義務を果たせない。だからこそ、客がルール違反の「ソース二度づけ」をした場合、店は「やめてください」と要求し、客が要求に従わなければ退店させることができる。

この「退店させる」の段階になると、具体的に民法の第五四一条に基づいて、客との契約を解除したことになる。それでも客が居座るようなら、刑法の第一三〇条で定められている「要求を受けたにもかかわらずこれらの場所から退去しなかった者」にあたる可能性が考えられる。これが前回も挙げた「不退去罪」である。

ちなみに、刑法の第一三〇条には「三年以下の懲役又は一〇万円以下の罰金に処する」と明記されているので、悪質な場合は刑罰に処せられる可能性もある。「たかがソース二度づけくらい」と侮ることはできないのだ。ここまで掘り下げると、「禁止の法的根拠がある」と言える。

とはいえ、実際の現場で、これほどの小難しい説明をするのは現実的ではない。そこで多用されるのが、「他のお客様のご迷惑になりますので」という言い分である。この「迷惑」という言葉は、警備員も施設警備や雑踏警備で多用しているのではないか。

例えば、施設内やイベント会場の共用スペースに座り込んでいる人がいるとしよう。そこに座り込むことで、他の客が不快な思いをしたり、通行に支障が生じるのであれば、その人に対して警備員は移動を要求することになる。

●図 88：二度づけ禁止の根拠

出典：「イラスト AC」フリー素材を使用して筆者作成

しかし、串カツ店の場合は「ソース二度づけ禁止」の合意があることを前提としているが、施設内やイベント会場の共用スペースに「座り込み禁止」の合意がないのであれば、まずは座り込みが禁止されていることを説明し、移動を要求しなければならない。

そのときに「迷惑」という言葉を使わずに説明すると、意外と面倒なことになる。まず、「なぜ移動させられるのか」と問われたら、座り込んでいる場所が「共用スペース」であり、あなただけの場所ではないと説明する必要がある。

それでも「俺も利用者の一人だから」と居直られたら、所有権や賃借権などの法的根拠を明確に示さない限り、堂々巡りになってしまう。このような個別の対応が次々と発生したらキリがない。そのため、「迷惑」という言葉で説得を試みるのである。

前回は鉄道業者の「車内での通話はお控えください」と、飲食店の「長居はご遠慮ください」を例に挙げたが、「車内通話禁止法」や「長居禁止法」といった法律がない以上、法的根拠で対応しようとすると、「原則」から掘り下げなければ筋の通った説明ができない。

だからこそ、「他のお客様のご迷惑になりますので」という合意を形成しておいて、車内通話や長居を禁止することになるのだ。警備員の広報にも「規制広報」と「禁止広報」があるが、いきなり禁止広報をするとトラブルになることもある。

トラブル防止のためには、事前に規制広報で合意を形成しておいてから、その合意に基づかない行為があった場合に禁止広報で制止させるという流れになる。そのときに細々とした説明を省くための便利な言葉が、「迷惑」なのだ。

ところが、「迷惑」は警備員にとって便利な言葉である一方で、理不尽な苦情として降りかかることもある。その苦情が日常茶飯事なのは、やはり工事にともなう交通誘導の現場である。

道路工事であれ、建築工事であれ、警備員は通行車両や近隣住民から「迷惑だ、工事をやめろ」と文句を言われ、頭を下げ続ける。警備員が好んで工事をやっているわけではないし、「迷惑だ」と言われても「わかりました。工事をやめます」とは答えられない。

それでは、警備員に寄せられる「迷惑だ」という苦情は、なぜ発生するのか。その苦情には、どのような意味があるのか。その説明は次回のお楽しみ。

第89回　わずか一〇分……羽生結弦選手パレード二〇一八

（二〇一八年五月一五日　第二〇七号掲載）

本来ならば、今回は警備員へ寄せられる苦情の意味を考える予定だった。しかし、予定を急遽変更して、二〇一八年四月二二日に宮城県仙台市で開催された羽生結弦選手の「二連覇おめでとうパレード」（以下「羽生パレード」）を取り上げたい。

本連載では、第16回（単行本第一巻収録）で二〇一三年に開催された東北楽天ゴールデンイーグルスの優勝パレード（以下「楽天優勝パレード」）を取り上げたが、今回も同じように、筆者自身が現地で雑踏の様子を観察した。

羽生パレードは二〇一四年にも仙台で開催され、その時は警備員を含む一、三七〇人のスタッフが、約九万二千人の観衆を誘導した。しかし、今回は事前に約一二万人の観衆が見込まれ、スタッフも三割増の一、八〇〇人が配置された（デイリースポーツ二〇一八年四月二二日一三時二三分配信）。

ちなみに、一部報道では「約一、五〇〇人」となっているが、場所取りの徹夜組に対応するため、警備員を増員したとのことである(『産経新聞』二〇一八年四月二四日付宮城版)。

当日は晴天のもと、約一〇万八千人(主催者発表)の観衆が沿道を埋め尽くし、羽生選手の雄姿に歓喜の声を上げた。四月の仙台としては観測史上初の最高気温二九度を記録したためか、体調を崩す警備員の姿も確認したが、パレード自体は大きな混乱もなく、予定通りに進行した。

前回の羽生パレードでは、羽生選手を走って追いかけるファンが複数いたため、宮城県警察は雑踏事故の発生を懸念して警備体制を変更していた(朝日新聞デジタル二〇一八年四月二三日六時二五分配信)。

また、楽天優勝パレードの時はゴール付近に観衆が集中し、雑踏事故の危険性があったことを筆者も現地で確認した。ただし、今回の羽生パレードは**図89-1**の通り、楽天優勝パレードとは進行方向が逆になっている。

まず、筆者はスタート地点の「南町通り交差点」に陣取り、規制開始からパレード開始後一〇分までの観衆の動きを観察した。規制開始は一二時三〇分、出発式開始は一三時一五分、パレード開始は一三時三〇分である。

規制が完了すると、観衆が観覧スペースへ誘導された(**図89-2**:一二時三五分)。続いて、パレードの台車(フロート)となるトラックがコース内に進入した(**図89-3**:一二時四二分)。いずれも混乱はみられず、順調に準備が進められていた。

●図 89-1：パレードのコース

●図 89-2：観覧スペースへ進む観衆（12 時 35 分）
筆者撮影

●図 89-3：コースへ進入するトラック（12 時 42 分）
筆者撮影

そして、出発式を終えた羽生選手がトラックに乗り、パレードが始まると、大きな歓声が上がった（図89－4：一三時三〇分）。さて、肝心なのはその後である。観衆の多くが羽生選手を追いかけるようだと、沿道の群集密度が高まり、雑踏事故が発生しやすくなる。

しかし、羽生選手を見送った観衆の約半分（あくまで目視）は、大きな混乱もなく、ゆっくりと仙台駅方面へ進み始めた。つまり、観衆が分散したのである（図89－5：一三時四〇分）。見事な誘導であった。

それから、筆者はパレードコースの裏道をゴール地点方面へ向かった。羽生選手を走って追いかける観衆が続出すると予想したルートである。

ところが、多くの観衆は走ることなく、歩

●図 89-4：パレード出発時（13 時 30 分）
筆者撮影

調を合わせてゴール地点方面へと向かっていった。広瀬通り付近でパレードに追いついたが、ほとんどの観衆は脇目をふらずに裏道を直進したため、目立った混乱は確認できなかった（図89－6：一三時五二分）。

そのままゴール地点へ到着すると、市民広場を多くの観衆が埋め尽くしていた（図89－7：一四時〇五分）。ちなみに、この場所は宮城県警備業協会が毎年秋に開催している「警備業セキュリティフェア」の会場（ちなみに、同フェアは二〇一九年から仙台駅構内や近隣商業施設の広場へ会場変更）でもあり、年間を通じて多くのイベント会場になっているが、これほど群集密度が高いのは稀だ。はたして、大丈夫なのだろうか。

一四時一〇分には羽生選手が仙台市役所へ入り、パレードは終了した。すると、余韻を楽しむ観衆がいる一方で、早々に広場を後にする観衆も多く、大きな混乱もなく観衆は分散していった。雑踏事故は杞憂だったが、それ以上に驚いたのは分散に要した時間である。

地面が見えないほどの観衆がいたにもかかわらず、パレード終了の五分後には地面が見えるまでに群集密度が低下した（図89－8：一四時一五分）。そして、一〇分後には大幅に混雑状態が解消したのだ（図89－9：一四時二〇分）。

すなわち、今回の羽生パレードでは、スタート地点だけでなくゴール地点でも、「わずか一〇分」で観衆が分散したのである。二〇一三年の楽天優勝パレードでは、ゴール地点で群集密度が

●図 89-5：パレード出発後の観衆（13 時 40 分）
筆者撮影

●図 89-6：広瀬通り裏道を進む観衆（13 時 52 分）
筆者撮影

ゴール地点(市民広場)を埋め尽くす観衆

●図 89-7：ゴール地点を埋め尽くす観衆(14 時 05 分)
筆者撮影

パレード終了から5分後の
ゴール地点

●図 89-8：パレード終了 5 分後のゴール地点(14 時 15 分)
筆者撮影

●図 89-9：混雑状態が解消したゴール地点（14 時 20 分）
筆者撮影

上がりすぎて、怒号や悲鳴が上がっていたので、違いの大きさに拍子抜けした。

もちろん、楽天優勝パレードは二一万四千人（主催者発表）の観衆が集まり、羽生パレードの約二倍であった。しかも時季的に厚着の人が多く、着ぶくれによって群集密度が高くなったと考えられる。

しかし、それ以上に大きかったのは、①ゴール地点が交差点ではなく広場であったこと、②事前にマナーなどの情報が共有されていたことであろう。交差点のような観覧スペースの限られた場所をゴール地点にせず、多くの観衆を収容できる広場にしたことが正解であった。

また、羽生選手のファンが事前にマナーを守るようにSNSなどで呼びかけあっていた。その一つが、「ゴミを拾って帰る」である。パレード終了後にゴミがほとんど落ちておらず、清掃ボランティアも驚いたと報じられている（スポニチアネックス二〇一八年四月二三日六時二〇分配信ほか多数）。

実際に、筆者もゴミが散乱している状態は確認していない。ゴール地点付近の自販機のゴミ箱はあふれていたが、それでもゴミ箱の上の空き缶が整然と並べられている様子から、「マナーの良さ」を感じた（**図89-10**：一四時三〇分）。

ゴミは美観の問題だけでなく、踏んだり躓いたりした場合の転倒事故や、ポイ捨てをめぐるトラブルを防止する上でも重要である。一〇万人規模のイベントで事故やトラブルを防止するためには、観衆の主体的な協力も不可欠であることを実感させられた。

それでも、誘導や広報に不備があれば、雑踏事故につながる混雑であったことも事実だ。無事にパレードを完遂できたのは、官民協働で雑踏事故の防止に尽力した成果

●図 89-10：ゴール地点付近のゴミ箱（14 時 30 分）

筆者撮影

である。

暑さの中、声を張り上げてテキパキと誘導する警備員たちに、「ありがとう。お疲れさま」と声をかけながら、清々しい気分で帰路に就いたのは筆者だけではあるまい。

第90回　警備員が向き合う「迷惑」……受益圏と受苦圏①

（二〇一八年五月二五日・六月五日合併号　第二〇八号掲載）


前回は急遽、羽生選手のパレードを取り上げたので、今回は前々回（第88回）の続きである。前々回は「迷惑」という言葉が、警備員にとって便利であると同時に、理不尽な苦情として降りかかると述べた。そこで今回は、警備員に寄せられる「迷惑だ」という苦情がなぜ発生するのか、その苦情にはどのような意味があるのかを考えたい。

まず、辞書で「迷惑」の意味を調べてみると、「ある行為がもとで、他の人が不利益を受けたり、不快を感じたりすること。また、そのさま」と、「どうしてよいか迷うこと。とまどうこと」の二つがある（『大辞泉』デジタル版）。

ここで注目したいのは、「行為」が「迷惑」のもとになっていることだ。言いかえれば、人間が意図して行っていることでなければ、「迷惑」にならない。そのため、自然現象に対して「迷惑だ」と苦情を寄せるのは的外れになる。

例えば、深夜に激しい雷が鳴って目が覚めたとしても、「雷がうるさい」と苦情を寄せるのは根本的に間違っている。実際に雷によって不利益を受けているし、不快を感じているが、苦情を寄せても雷が止むわけではない。だから、雷は「迷惑」にならないのだ。

一方で、夜間工事の騒音で目が覚めた場合に、「工事の音がうるさい」と苦情を寄せるのは筋が通る。工事は人間が意図して行っているので、苦情を寄せることによって騒音がおさまる可能性があるからだ。そのため、工事の音は「迷惑」になる。

とはいえ、音を出さずに工事を行うのは不可能なので、「ご迷惑をおかけして、申し訳ない」と謝る人が必要になる。本来、工事関係者であれば誰でも構わないはずだが、いきなり現場監督が謝るのは都合が悪い。

なぜなら、現場監督は工事の責任者であり、作業を中断させる権限を持っているからだ。もし、一発目の苦情に現場監督が対応して、折り合いがつかなければ、その時点で作業を中断せざるを得なくなる。当然ながら、工程に遅れが生じてしまう。

作業を中断させないためには、いきなり現場監督を前面に出すのではなく、作業に携わっていない者が対応して、苦情を預かることが重要となる。それで苦情を寄せた人が満足して引き下がってくれるなら、作業を継続できるので、工程に遅れは生じない。

それでは、作業に携わっていない工事関係者とは誰なのか。言うまでもなく、警備員である。そのため、工事現場では警備員が前面に出て苦情を預かり、工程に遅れが生じないように現場を守る役割を担う。

しかし、警備員としては、自身が騒音を出しているわけではないので、「うるさいのは俺のせいじゃない」という気分

雷うるさい！
雷＝自然現象
「迷惑」ではない
工事うるさい！
工事＝人の行為
「迷惑」になる

●図 90：自然現象と行為の違い

出典：「イラスト AC」フリー素材を使用して筆者作成

になる（「警笛がうるさい」は別として）。いくら工事現場で苦情に対応する人が必要だと知っていても、理不尽だと思うのは当然である。

これだけの役割だと、警備員が「やりがい」を見出すのは難しい。しかし、「迷惑」にはもう一つ、「どうしてよいか迷うこと。とまどうこと」の意味がある。この「迷惑」を解消するのは、警備員の本分である。

例えば、工事によって通行止めや車線規制があれば、通行車両や歩行者は「通れるの？」「どこへ迂回すればいいの？」と迷い、とまどってしまう。その迷いやとまどいを解消するべく、警備員は「どうぞお進みください」や「次の角を左に曲がれば迂回できます」などと誘導する。地味な業務だが、それが「迷惑」の解消になっているのである。

とはいえ、辞書的な説明だけで「迷惑」の本質に迫るのは、なかなか難しい。特に、インフラや鉄道関係の工事などは公共性が高いので、「皆さんの生活に関わる工事なのに、なぜ苦情を寄せるのか」と疑問を抱くこともあるだろう。

実は、この疑問こそが本連載で取り上げたいと思っていた本丸の話題である。先ほどの辞書の引用にも「不利益を受けたり」という説明が含まれていたが、これは一九八五年に発刊された社会学の文献で、「受益圏と受苦圏の分離」として考察されている。

受益圏とは、インフラの建設によって利益を受ける人々の集まりのことである。一見すると、

「インフラ、建設、利益」という単語が並んでいるために、「入札談合か?」と思われるかもしれないが、そうではない。

受益圏には、インフラの完成によって恩恵を受ける利用者も含まれている。例えば、断水の復旧工事であれば、施工業者が得る利益だけでなく、水道を利用している周辺住民にとっても「断水による不便が解消される」という利益がある。

一方で、受苦圏はインフラの建設によって不利益や苦痛を受ける人々の集まりである。どんなに便利なインフラであっても、一部の人々にとっては、建設にともなう工事だけでなく、完成後も不利益や苦痛を強いられる「迷惑施設」になる可能性がある。

そのため、日常的に工事への苦情が寄せられたり、強硬的な妨害が行われたり、場合によっては工事差し止めの裁判に発展することもある。その一例を取り上げたのが、一九八五年に発刊された文献だったのだが、そこで考察されたのは意外なインフラであった。

そのインフラが何なのかは、次回で発表しよう。

第91回　なぜ熱中症対策が進まないのか……驚きの調査結果

（二〇一八年六月一五日・二五日合併号　第二〇九号掲載）

本来であれば、「迷惑施設」になった意外なインフラの正解を発表する予定だった。しかし、今回は「熱中症特集」の紙面ということで、正解発表は次回に持ち越して、熱中症に関連する話題を取り上げることにしたい。

筆者は警備員時代、最も嫌いな季節は夏であった。もちろん、冬は寒いし、春も強風（春一番）に肝を冷やした（養生シートが飛散したり、足場が崩れる恐れがあるため）が、夏の熱中症の怖さに比べればマシである。こまめに水分や塩分を補給して、生命の危機に瀕することがないよう、体調管理に気をつけていた。

そこで、熱中症が発生するプロセスを医学誌で確認すると、**図91**のような複雑なフローチャートが出てきた。よく、熱中症になると「めまい」「痙攣」「嘔吐」などの具体的な症状が表れると言われるが、プロセスは複雑なのだ。

とはいえ、熱中症は誰でも発症する可能性がある。当然ながら医学誌にも警備業の熱中症対策に特化した論文ばかりが掲載されるわけではない。そのため、「ところで、警備業はどうなの？」という疑問が沸いてくる。

そこで紹介したいのは、医学者の権守直紀らによる「建設業と交通警備業における熱中症発症者の検討」（『産業医科大学雑誌』三九巻一号収録、二〇一七年）である。わずか半頁の概要（要旨）であるが、交通誘導の熱中症を検討したものとして注目に値する。

権守らは、「建設業と交通警備業は熱中症の事例が多い業種」であり、「熱中症疑い事例が有する個人特性を調査する」ことを目的として研究

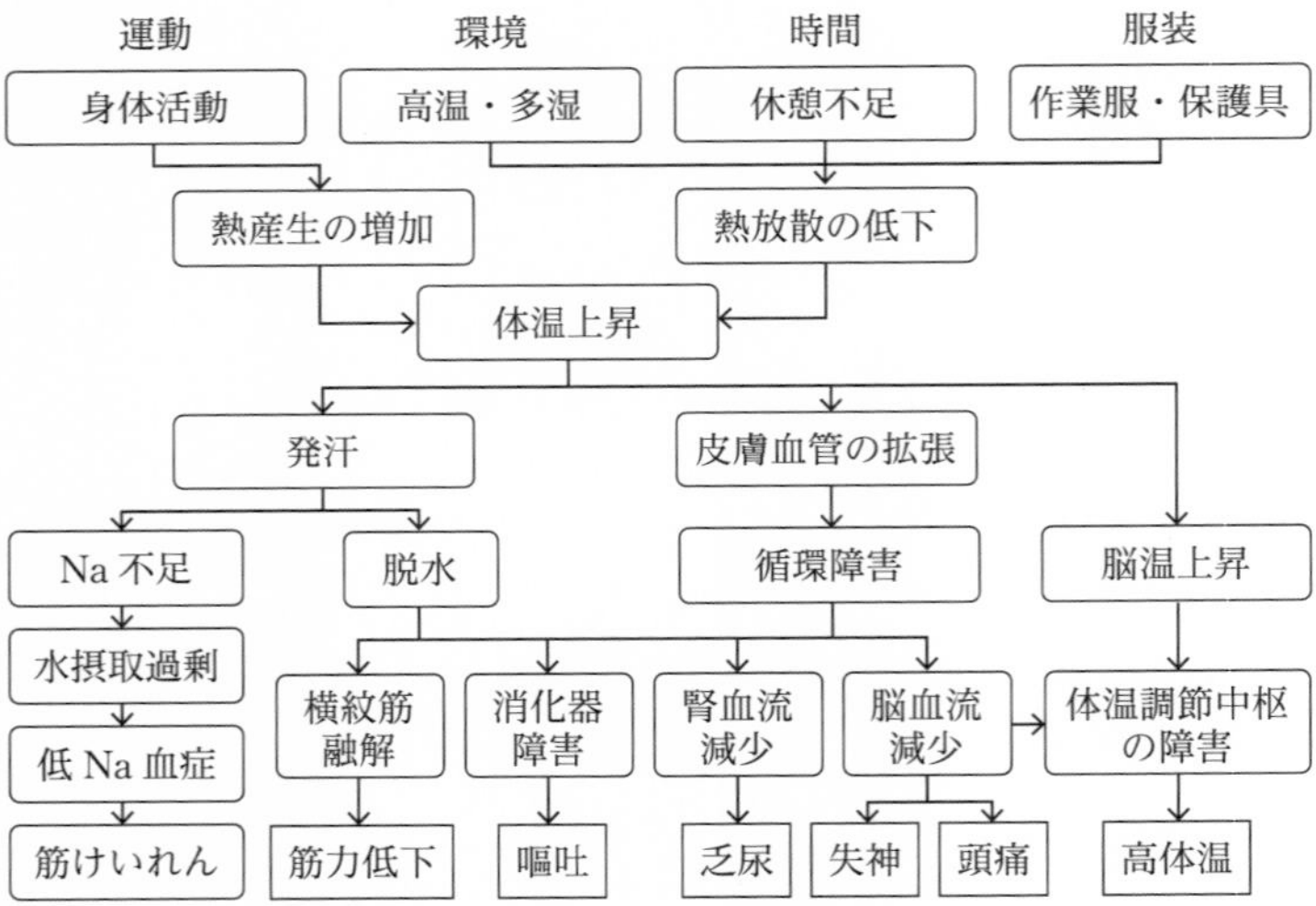

●図 91：熱中症の発生機序

出典：堀江正知「労働現場における熱中症対策」『日本職業・災害医学会会誌』64 巻 6 号、2016 年、304 頁

に着手している。福岡県警備業協会の協力を得て質問紙調査を行っており、正攻法と言える研究方法である。

交通警備業の調査対象者の平均年齢は五五・六±一〇・七歳で、女性の割合は二八・六%、BMI(肥満度)は二五・三±五・二となっている。調査対象者のうち、熱中症疑い事例の発生率は三・五%であり、六〇歳代が最も多いという結果であった。

また、建設業と比較して、交通警備業の方が同居する家族がいない者の割合が多く、高血圧を有する者の割合が多かった(これはこれで、悲しい現実を示唆しているが)。さらに両業種とも、やせ型よりも肥満型の体型の割合が多く、生活習慣の改善が熱中症予防に役立つことが示唆されたと指摘している。

その上で権守らは、就業者に高年齢者が多かった可能性があるが、暑さに対処する生理機能が加齢により低下することを、労働者や管理監督者によく理解させた上で、労働衛生対策を講じる必要があると考察している。

すなわち、熱中症発症者の特徴として挙げられているのは「高齢」「高血圧」「肥満」であり、さらに独居の交通誘導員が多いので生活習慣の改善が必要という結果である。おそらく、この調査結果に驚く警備業関係者は少ないだろう。むしろ、事前に予測した通りの結果だと言えるのではないだろうか。

さすがに全国の警備員の血圧や体型を「警備業の概況」で確認することはできないが、年齢については警備員の約四〇%が六〇歳以上であることが明らかになっている。高齢者が多いだけに、熱中症に注意が必要なことは、医学者に指摘されるまでもないだろう。

ところが、権守らは最後の一文で、驚きの指摘をする。なんと、「ただし、調査の回収率が低かったため、両業種における発症者の特徴を正しく反映しているとは言えなかった」と述べているのだ。

実は、調査票の回収率は建設業でわずか二・五%(六八件)、交通警備業でも七・一%(二一件)にとどまってしまったのである。建設業よりも警備業の方がマシであるとはいえ、わずか二一件の調査結果では、学術的に「正しい」とは言えない。だからこそ、権守らは「論文」ではなく「要旨」として、参考程度に結果を公表せざるを得なかったのだろう。

せっかく福岡警協の協力を得たにもかかわらず、回収率が低かったために、学術的に「正しい」と言える結論が得られなかったことは極めて残念である。筆者としては、熱中症への危機感よりも、むしろ警備業界の非協力的な態度の方に危機感を覚える。

もちろん、一般的に「回収率一〇〇%」の調査はない。むしろ、そのような調査には何らかの意図や操作が加わっている可能性があるので、結果も眉唾になる。今回の調査でも、何件かは諸事情によって、どうしても協力できなかったケースがあるだろう。

しかし、多くの警備業者が熱中症対策を重要視しているのであれば、回収率が七・一％にとどまることはないはずだ。つまり、この調査結果によって明らかになったのは、「警備業界は熱中症対策を重要視していない」ということである。

二〇一八年の五月上旬には、すでに多くの地域で夏日を記録している。おそらく、この記事が出る頃には、さらに多くの地域で真夏日や猛暑日が続いていることだろう。警備員は、約一ヵ月半も暑さに耐えながら日々の業務に従事していることになる。

警備員は警備業者の宝である。その宝を守るために、今一度、熱中症対策の重要性を肝に銘じるべきではなかろうか。

第92回　夢の超特急が「迷惑」になるとき……受益圏と受苦圏②

（二〇一八年七月五日　第二一一〇号掲載）

前回は急遽、熱中症の話題を取り上げたので、今回は第90回の続きである。話題が飛んでしまったことをお詫びしたい。

さて、「カモノハシ」の愛称で親しまれてきた東海道新幹線七〇〇系が、二〇二〇年三月に引退することになった。その理由が「老朽化」ではなく、「高速化に対応できない」というのが、なんとも新幹線らしい。やはり、「夢の超特急」に求められるのは「速さ」なのだ。

東海道新幹線は、東京オリンピックの開催にあわせて、一九六四年一〇月に開業した。「団子鼻」の〇系が颯爽と走り抜ける光景に、多くの人々が歓喜したことだろう。まさに「戦後日本」の希望を体現したインフラである。

一方で、そんな「夢の超特急」に苦しめられた人々がいる。高速走行で生じる騒音や振動に毎日さらされる「沿線住民」である。特に被害が大きかったのは、住宅地が密集する名古屋だった。前例がないだけに、開業前に新幹線の騒音や振動を予測するのは難しかった。そして、開業直後も住環境への悪影響は問題視されなかった。なぜなら、開業直後は地盤が不安定であることを理由に、速度を制限していたからだ。

また、運転本数も開業直後は一時間に上下四本程度であった。そのため、騒音や振動が発生するのは一時的であり、沿線住民を深刻に悩ませるほどの被害はなかったのである。

ところが、一九七〇年頃から新幹線の運転本数が急増する。大阪万博による輸送需要の増加も相まって、約五分に一本の過密ダイヤとなり、「ひかり」の編成も一二両から一六両へ増えた。

その結果、新幹線の騒音と振動は、「公害」のレベルまで深刻化したのである。家族の会話やテレビ視聴にも支障が出るほどで、沿線住民は「イライラする」「眠れない」などの心身の不調に襲われた。また、屋根瓦のズレや建物の亀裂も生じた。

にもかかわらず、国鉄による公害対策は進展しなかった。国鉄も遮音工事や防音壁の設置などに取り組んだが、充分な効果をあげることができなかったのだ。そして、沿線住民たちは一九七四年三月に新幹線公害の差止めと損害賠償を求めて、名古屋地裁に提訴するに至った。

それ以降の裁判の行方は船橋晴俊ほか『新幹線公害』（有斐閣、一九八五年）に譲るが、同書の考察で用いられたのが、「受益圏」と「受苦圏」である。**図92**のように、新幹線の開業によって、乗客や駅周辺の商工業者は大きな利益を受ける。

一方で、新幹線公害の被害者となった沿線住民は、日々の生活でひたすら苦しみに耐え続けることになる。受苦圏にいる沿線住民にとって、新幹線は「迷惑施設」にほかならない。

ここで言う「迷惑」は、前々回（第90回）で説明したように、人間が意図して行っていることが前提となる。鹿児島の住民が桜島の火山活動に苦しめられても、自然現象なので「迷惑」にならない。しかし、新幹線は人工物なので「迷惑」になるのだ。

誤解のないように断っておくが、筆者は新幹線の存在意義を否定したり、当時の国鉄や技術者を責めるつもりはない。試行錯誤を繰り返して、前例のない「夢の超特急」を実現したことは称賛に値する。

その上で、新幹線が一部の人々の日常生活や健康を脅かし、苦しめてきた現実があることを直視したい。物事には「光」と「影」の両面があることを、「新幹線公害」は再認識させてくれる事例なのだ。

さて、そう考えると、工事に苦情を寄せる近隣住民がいるのは、何ら不可解なことではない。例えば、マンションの建築現場であれば、そのマンションに入居しない近隣住民は利益を受けられないので、工事の騒音や振動は苦しみでしかない。つまり、建築現場の近隣住民の多くは、受益圏ではなく受苦圏にいるのだ。だからこそ、工事に

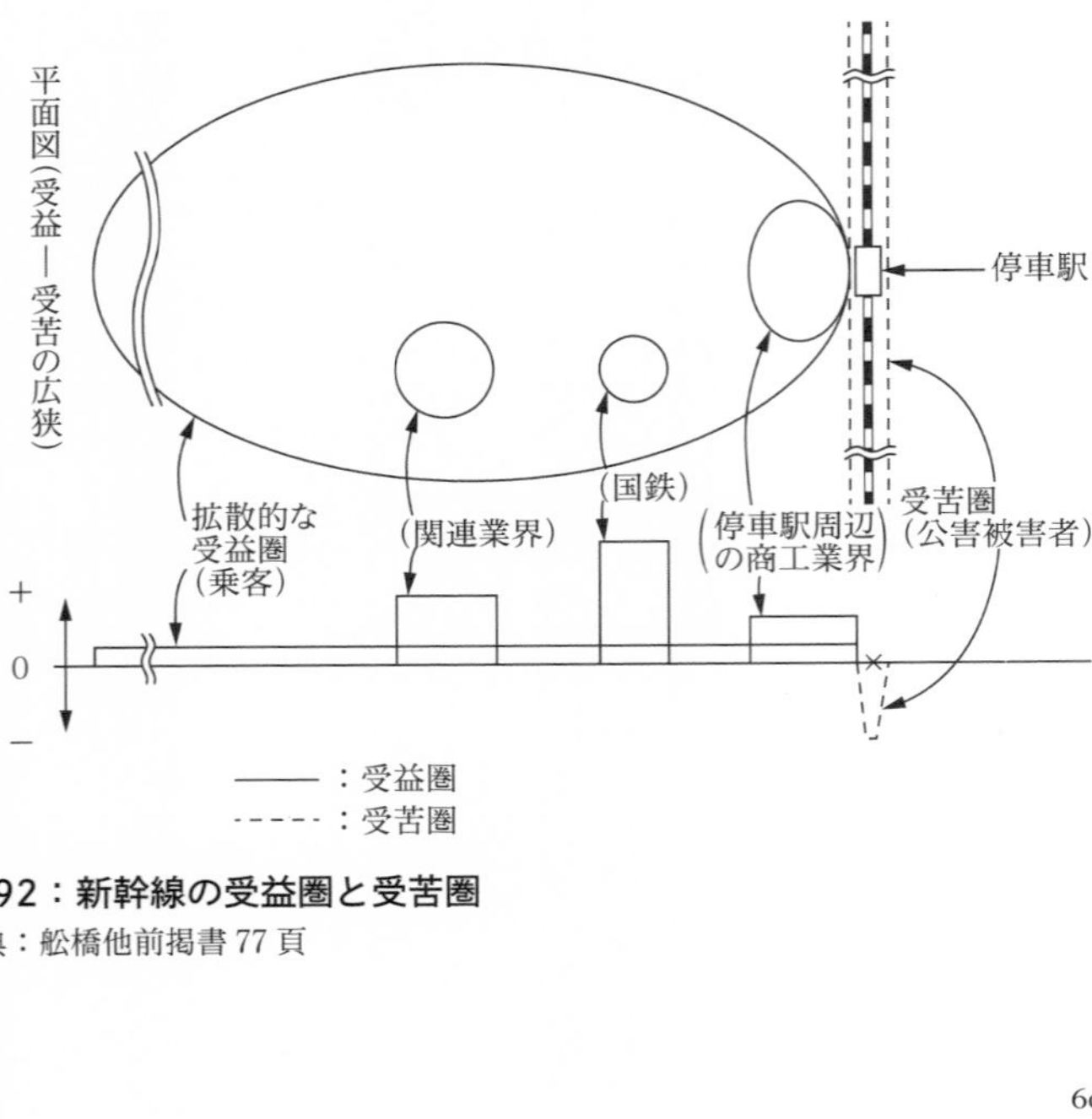

●**図 92：新幹線の受益圏と受苦圏**
出典：船橋他前掲書 77 頁

苦情を寄せるのである。

もちろん、激高しやすい性格の人や、理不尽な苦情を延々と寄せ続けるモンスタークレーマーもいるだろう。しかし、一方では工事によって日常生活や心身の健康に多大な悪影響が及んだ結果、真摯な訴えとして苦情を寄せる人もいる。

その苦情に耳を傾けるのが、工事現場の警備員である。たしかに、警備員としては、身に覚えのない苦情を寄せられるのは苦痛でしかない。

しかし、近隣住民に「苦情に耳を傾けてもらえない」と思われたら、最悪の場合は「新幹線公害」のように裁判になる可能性もある。近隣住民にとって、受苦圏から抜け出す方策は、裁判しか残されていないからだ。

苦情を寄せられた場合は、なるべく穏便に解決できるよう、その内容を管制室や現場監督に報告するのが重要だ。警備員は苦情への対応を通じて、「工事現場を守る」だけでなく、「近隣住民を守る」のである。

とはいえ、新幹線や大規模工事で発生する騒音や振動は大きいので、それらが「迷惑」になるのは理解できるが、大きな騒音や振動でなくても「迷惑」だと言われることがある。電車内で通話した場合も、小声であっても「迷惑」になる。

なぜ、人間は些細なことでも「迷惑」だと感じるのか。このテーマはまだまだ続く。

第93回　あいさつが苦情を減らす？……心理的距離

（二〇一八年七月二五日　第二一一号掲載）

前回は「新幹線公害」に注目しながら、工事現場の近隣住民が受ける苦痛について考えた。目立った利益を得られない近隣住民にとって、工事の騒音や振動は耐えがたい苦痛であり「迷惑」になる。

だからこそ、近隣住民は少しでも苦痛を和らげ、迷惑を解消するために苦情を寄せる。その苦情に対応するのが警備員の役割とされている。とはいえ、「私に言わずに、監督に言ってくれ」と思うのが警備員の本音だろう。

もちろん、物理的に警備員が最も話しやすい位置に立っているから、苦情を受けやすいという見方もある。しかし、今回は苦情を申し立てる人の心理的な側面に注目して、警備員の「立ち位置」を考えてみたい。

心理学者の山本和郎は、近隣騒音の迷惑度が近隣との付き合いの程度によって変わることを、調査によって明らかにしている（「近隣騒音の心理社会的構造」『公衆衛生』四六巻七号収録、一九八二年）。

山本によれば、騒音を出している人と面識がない場合は、「やや邪魔」以上に感じる人が約六〇％になる。しかし、あいさつを交わす関係になると約三五％へ減少する。そして、立ち話をする関係になると、約二〇％まで減少する。

このように、付き合いが深くなるほど、騒音を迷惑だと思わなくなるのだ。ただし、山本の調査では交通機関や工場などの無機質な巨大音は除外し、生活音だけを対象としているので、厳密に言えば「工事の音」は含まれない。

あくまで、本連載で注目したいのは、警備員による「あいさつ」や「立ち話」の効用である。さすがに、立ち話に夢中になりすぎて警備業務が疎かになると本末転倒だが、近隣住民への声掛け程度であれば、「あいさつ」や「立ち話」が苦情を減らす有効な手段になると考えられる。

ここでの「あいさつ」は、「おはようございます」や「こんにちは」だけではなく、「ご協力ありがとうございます」などの感謝や、「ご迷惑をおかけして申し訳ありません」などの謝罪も含まれる。

これらの声掛けをすることによって、近隣住民との心理的距離が近づくということだ。声掛けは日頃の警備員教育で教えられている基本事項の一つだが、苦情を減らすためには重要視すべきだと言える。

一方で、「工事関係者の誰かが声掛けすればよいのだから、警備員がする必要はない」と思う読者もいるだろう。もちろん、声掛けの効用だけに注目するならば、そのようなツッコミが入るのは当然である。

そこで、心理学者の難波精一郎らが行った調査研究に注目すると、あえて警備員が声掛けをしたり、苦情を受けることの意義が見えてくる。

難波らは日本、西ドイツ（当時）、イギリス、アメリカの大学生（約千人）を対象に近隣騒音に関する調査を行っている。その結果、「近隣騒音に悩まされるのは絶対困る」という人は日本で三八％、イギリスで二〇％、アメリカで一五％、西ドイツで六％だった。

ところが、「お互い様だから我慢する」という人は、日本が一八％であったのに対し、他の三ヶ国は約七五％に達した。つまり、日本人は騒音に敏感であると同時に、騒音を我慢できない傾向があることが明らかになったのだ。

さらに興味深いのは、騒音の防止対策である。日本は四ヶ国中、「自分で交渉する」と答えた人の割合が最下位だったのだ。逆に、「第三者に交渉を依頼する」などの消極的（他力本願）な方法では、日本が他の三ヶ国を上回っていた（『朝日新聞』一九八五年一〇月三日全国版夕刊）。

日本人の傾向をまとめると、「騒音に敏感で我慢できないが、自分で交渉せずに第三者に任せる」という態度になりやすいと言える。もちろん、自ら強気の交渉に出ようとする人もいるが、多くの人は監督や作業員へ直接「工事の音がうるさい」と言えないのだ。

そのとき、工事現場にちょうどいい「第三者」がいる。それが警備員である。警備員は作業に携わっていないので、工事関係者の中では数少ない「音の発生源ではない人」(第三者)にあたるのだ。

監督が近くにいるにもかかわらず、あえて警備員に苦情を申し立てる人は、「第三者に交渉を依頼する」という方法で、改善を図ろうとしたのではないか。

すなわち、近隣住民は警備員に「静かにしてほしい」と苦情を申し立て、警備員が監督や作業員へ騒音を抑えるように交渉するのを期待していると考えられる。これが警備員の心理的な「立ち位置」である。

以上は山本と難波の調査研究に基づいた考察だが、これらは心理学者の渋谷昌三が一九九〇年に発刊した文献でも紹介されている。ところが、渋谷の文献に基づいて考察すると、かえって警備員の声掛けが苦情の原因になる可能性も考えられる。

実際に二〇一八年三月、とあるスーパーマーケットで「警備員の声掛けが耳障りだ」とする投書があり、そ

俺のせいじゃ
ないよ
……と、監督に
伝えてください
工事うるさい!
すみません…

●図 93：「第三者」への交渉依頼

出典：「イラスト AC」フリー素材を使用して筆者作成

れを巡ってＳＮＳで論争が巻き起こった。警備員の声掛けを「迷惑」だと感じる人と、「良い事」だと考える人が対立したのである。

なぜ、警備員による声掛けが迷惑になるのか、詳細は次回のお楽しみ。

第94回　あいさつが「迷惑」になる？……パーソナル・スペース

（二〇一八年八月五日　第二一二一号掲載）

前回は、近隣住民からの苦情を減らす方策として警備員による「あいさつ」が有効だと述べた。一方で、警備員の声掛けを迷惑だと感じる人もいる。

二〇一八年三月、東京都内のスーパーマーケットで、警備員の声掛けを「非常に耳障りですのでやめて下さい」と意見する投書があり、「お客様の声」として店内で掲示された。

この店では、駐車場の出入口にいる警備員が利用客に「ご苦労様」などと声を掛けていたようだ。投書した利用客は、この声掛けを迷惑だと感じたのである。店側は警備業者へ、そのような意見があったことを伝えたという。

ところが、他の利用客から、この投書への反論が次々と寄せられた。警備員の声掛けは「良い事」であり、「今後も続けてほしい」といった嘆願も含まれていた。つまり、「お客様の声」という店内の掲示板に、対立する意見が並んだのである。

この利用客同士の一連のやりとりを、利用客の一人がSNSに写真付きで掲載したところ、まるでSNSのリプライのようだと話題になったのだ（J-CASTニュース二〇一八年三月二四日一二時〇〇分配信）。

どうやら、警備員の声掛けを迷惑だと感じた人は少数派（おそらく最初の投書のみ）だったようだが、この事例には身近な騒音問題の根幹にかかわる重要な視点が含まれている。

騒音問題を研究する橋本典久は、世の中には不要な案内や放送がたくさんあり、それらが「文化騒音」と言われると説明し、昭和五〇年代に多発した文化騒音の差し止め訴訟の事例を紹介している（『苦情社会の騒音トラブル学』新曜社、二〇一二年）。

例えば、街中にあふれる店舗のBGMの音や、パチンコ店やカラオケ店から漏れる音などが文化騒音である。これらは、通りすがりの人からすれば一瞬だけ聞こえる音にすぎない。しかし、同じ音を毎日のように聞かされる近隣住民にとっては騒音にほかならない。

さらに、「足元にご注意ください」などの放送も、「余計なお世話放送」として、文化騒音とみなされてしまう。もちろん、放送する側は利用客や通行人への注意喚起をしているつもりなのだが、言われた側は「わかってる、うるさい」と感じるのだ。

すなわち、その人にとって「不要な音」は耳障りだと感じられ、迷惑になるのである。

ここで注意したいのは、文化騒音は「新幹線公害」のような深刻な被害をもたらす音ではなく、「煩わしさ」を感じる音であるということだ。そのため、橋本は深刻な被害をもたらす「騒音」と、心理的な要素が主要因になる「煩音」を区別している。

橋本によれば、現代の音の問題の多くは騒音問題ではなく煩音問題にあたる。この考えに基づくと、警備員の声掛けは「文化騒音」としての「余計なお世話放送」であると同時に、聞く人の心理状態によって受け止め方が変わる「煩音」でもある。

それでは、警備員の声掛けを煩音だと受け止めてしまう心理状態とは何か。ヒントになるのが「パーソナル・スペース」への侵入である。パーソナル・スペースとは、自分の身体の周りにある占有空間を意味する。

心理学者の渋谷昌三によれば、自分のパーソナル・スペースが保証されているときは快適であり、逆に、この空間に他人が侵入すると不快になる(『人と人との快適距離』ＮＨＫブックス、一九九〇年)。

例えば、**図94－1**のように、空いている電車内では乗客が他の乗客と距離をとって座る。これ

●図 94-1：空いた電車内の様子
出典：渋谷前掲書 23 頁

は、見知らぬ他人に自分のパーソナル・スペースへ侵入されたくないという心理状態の表れとして説明されている。

図94－2のように、見知らぬ他人同士であれば、左右一〇〇cm以上の距離がないと、「他人に侵入された」という感覚になり、不快になる。一方で、親しい人であれば、お互いに信頼関係があるので、パーソナル・スペースに侵入されても不快にならない。

だから、恋人や親しい友人とは身体を寄せ合えるが、さほど親しくない友人やケンカ中の恋人が身体を寄せ合おうとすると、不快感や嫌悪感を覚えるのである。

心理学的な実験の多くは、人の物理的な立ち位置でパーソナル・スペースを検証しているが、音がパーソナル・スペースに侵入することで不快になる可能性も考えられる。例えば、電車内で他人のイヤホンの音漏れが気になるケースである。

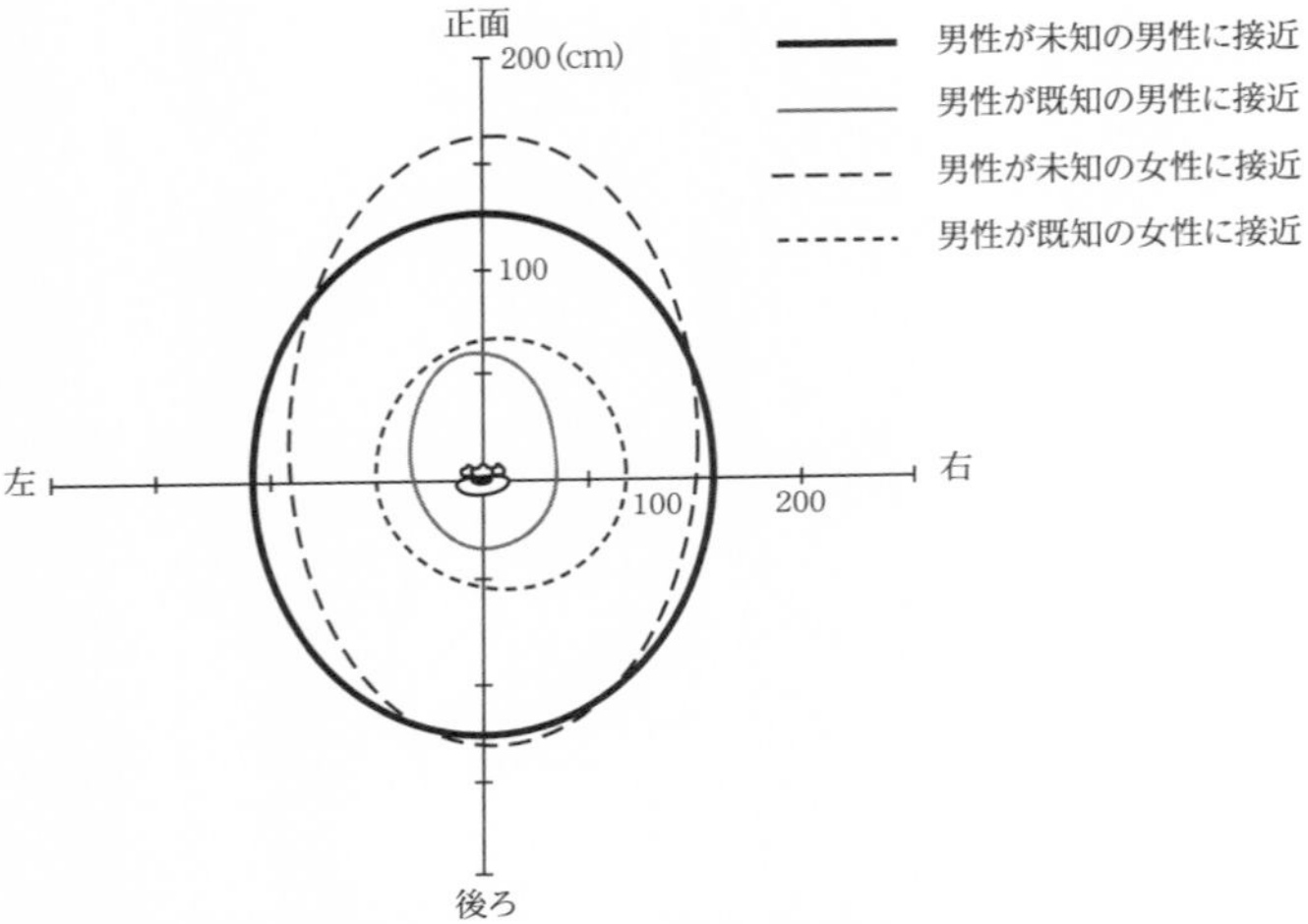

●図 94-2：パーソナル・スペースの範囲

出典：渋谷前掲書 22 頁

もちろん、電車内では他人と空間を共有しなければならないが、その条件下でも人間は**図94－1**のようにパーソナル・スペースを確保しようとする。しかし、他人と距離をとって座っても、他人のイヤホンから漏れる音楽が聞こえると、せっかく確保したパーソナル・スペースが侵されてしまうのだ。

警備員の声掛けも、他人のパーソナル・スペースへ音で侵入する行為になる。この「音による侵入」を受容するか拒否するかの違いが、利用客の反応の違いとなって表れたと考えられるのである。

とはいえ、反応の違いは「人それぞれ」なので、このままでは警備員がどのような態度をとればよいのか、わからなくなる。そこで、次回は橋本の論稿に戻って、「騒音対策」と「煩音対策」の違いを考えたい。

第95回 「迷惑」から「好意」へ……単純接触効果

（二〇一八年八月二五日 第二一二三号掲載）

前回は、警備員の声掛けを迷惑だと感じる人の心理について、「パーソナル・スペース」と「煩音」に注目して考察した。橋本典久の分類に従えば、些細な「耳障りな音」は「騒音」ではなく、「煩音」になる（『苦情社会の騒音トラブル学』新曜社、二〇一二年）。日常会話であれば、わざわざ騒音と煩音を区別する必要はないだろう。しかし、業務で具体的な対策を施す場合は、両者の区別が重要になる。なぜなら、それぞれの対策に大きな違いがあるからだ。

最も基本的な騒音の対策は、音量を低減させることである。建物の音響性を測った上で、遮音性の高い建材を使うなどの「防音対策」が必要になる。外部の音を入れないこと、また、内部の音を漏らさないことの両面で、遮音性が重要視される。

おそらく、「日本人が音に過敏すぎるだけだ」と思っている読者もいるだろう。しかし、**図95**のように、現代の住宅は江戸時代の大規模農家や、縄文時代の土屋根住居に比べて、居室の残響時間が長いことが明らかになっている。

すなわち、建物の音響性が上がったことで、昔の建物では気にならなかった音が、気になるようになったと言えるのだ。そのため、騒音の対策では「忍耐力をつける」といった心理的な対処法ではなく、「防音」という工学的な対処法が中心になる。

ただし、橋本は、工学的な対処法は人間的な対処法が充分に果たされた場合にのみ

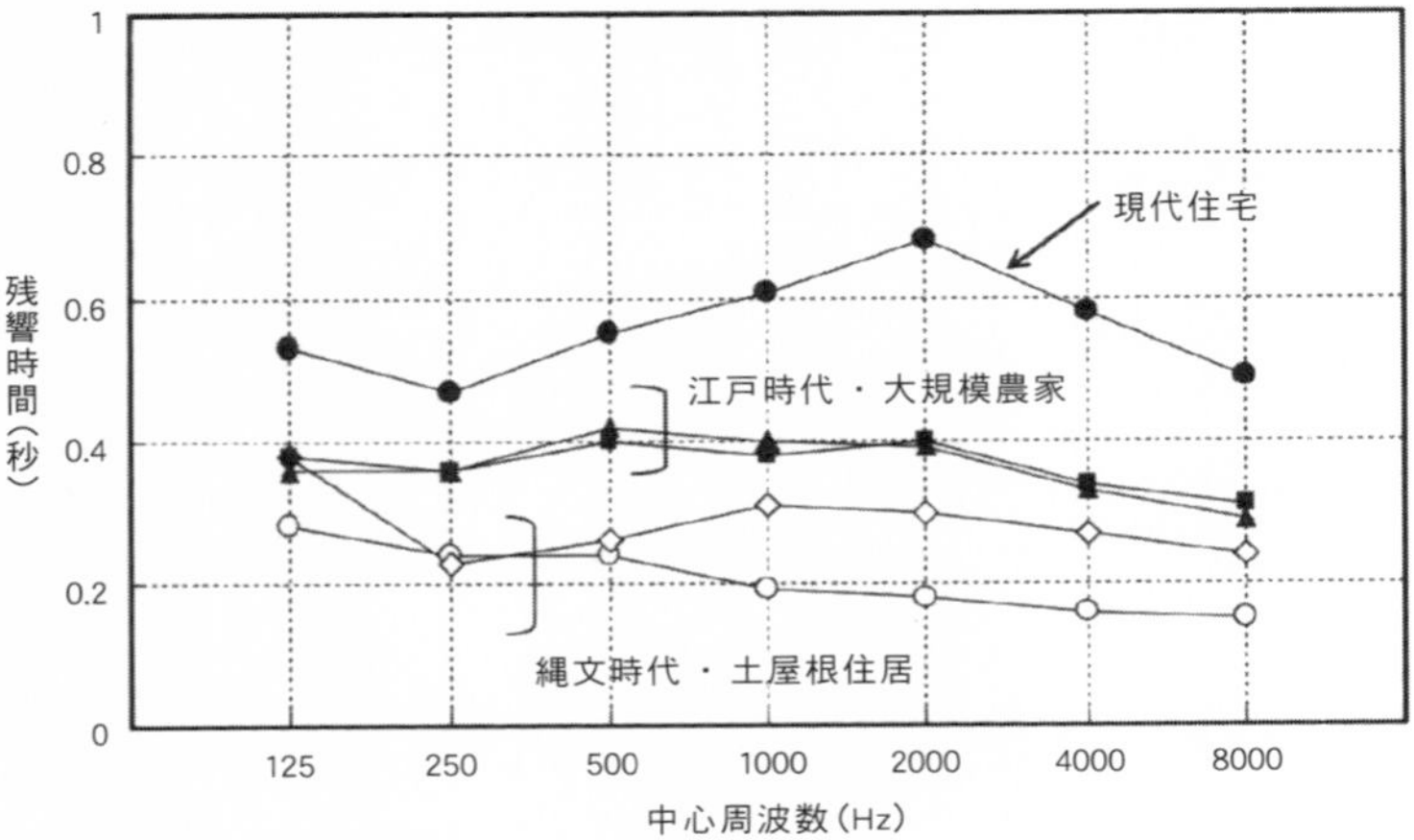

●図 95：居室の残響時間の比較

出典：橋本前掲書 91 頁

有効になると述べている。防音が必ずしもトラブルの解決につながるとは言えず、逆にトラブルを助長する場合もあるとのことだ。なぜ、そうなるのか。

その理由は、騒音の苦情を申し入れた側と受けた側の双方に、被害者意識が生まれるからだ。例えば、赤ちゃんの泣き声がうるさい場合、苦情を申し入れた側には「泣き声に迷惑している」という言い分がある。一方で、苦情を受けた側は「子育てに理解がない」という反感を抱く。その結果、折り合いがつかずにトラブルが助長されるのだ。

そこで、橋本は複数の例を挙げながら、騒音対策ではなく煩音対策が重要だと述べている。煩音対策は双方の関係改善を図る取り組みであり、敵意がなくなって相互に信頼関係が構築できれば、今までうるさいと思っていた音が気にならなくなる。

例えば、住宅の横に飲食店の室外機が設置され、住人は店長に防音工事を要求した。それでも音は残ったが、工事後に店長が「今までご迷惑をかけて申し訳ありませんでした。少しは静かになったでしょうか」と優しく声掛けしてくれたことに好感を持ち、音が気にならなくなった。

また、NHK「クローズアップ現代」(二〇〇九年一〇月五日放送)では、当初は近隣住民から建設反対の声が上がったスケートボード場が、後に住民から好意的に受け入れられるようになった事例が紹介されている。

スケートボード場を利用する若者グループが、自ら厳しいルールを作って運営し、さらに住民と共同で清掃活動を行い、子どもたちのためにスケボー教室まで開催したのである。一連の取り組みにより、住民とスケートボーダーとの信頼関係が築かれたのだ。

これらのような「煩音対策」は、第90回と第92回で紹介した「受益圏」と「受苦圏」でも説明できる。特にスケボーの例は、住民が清掃活動やスケボー教室の恩恵を得られるように図ることで、もともと受苦圏にいたはずの住民を受益圏へ引き込んだのだ。

言いかえれば、双方が受益圏にいることで、スケートボーダーは「迷惑」な存在ではなくなり、お互いに好意を抱くような関係になったのである。一連の取り組みは、お互いに顔を合わせる機会を増やし、意思疎通をしやすくする方策だったのだ。

この方策に秘められているのは、心理学者のザイアンスが提唱した「単純接触効果」である。何度も繰り返し接触すると好意度が高まるという現象のことで、マーケティングでも「商品に親しみをもってもらうために、CMをたくさん放送する」といった技法の理論的根拠として参照されることが多い。

これを警備の現場で実践するならば、警備員の声掛けは煩音対策だと言える。近隣住民や利用客から「お馴染みの警備員が、優しく声掛けしてくれる」と好意を抱かれれば、苦情が大幅に減少すると考えられるのだ。

もちろん、前回のスーパーマーケットの事例のように、警備員の声掛けを迷惑だと感じる人もいるが、その投書に対して多くの反論が寄せられたことは、単純接触効果の表れではないか。

だからこそ、単純接触効果を最大限に引き出すためには、警備員が日替わりになるのを避けるべきである。近隣住民や利用客は「お馴染みの警備員」に好意を抱き、その延長線上で現場の存在を受け入れるのだ。

もちろん、単発の道路工事などでは警備員を日替わりにせざるを得ないだろう。一方で、施設や建築の現場では、なるべく「常駐」の方針で警備員を配置するのが望ましいのである。

とはいえ、今回は心理学的な観点で説明したが、人間的な対処法には社会学的な観点もある。そこには意外な「迷惑」が潜んでいるのだが、何が迷惑なのかは次回のお楽しみ。

第96回　「かわいい」と「獣害」は紙一重……動物愛護の難しさ

（二〇一八年九月五日・一五日合併号　第二一四号掲載）

前回は心理学の観点から、「迷惑」への人間的な対処法を説明した。それでは、社会学の観点はどうだろうか。もちろん、人間同士であれば、前回までに何回も説明した「受苦から受益へ」で対処できる。ところが、動物が関わると厄介な問題になる。

まずは**図96－1**を見てほしい。これは筆者の勤務先がある宮城県柴田町内に設置されている看板であり、「猫で迷惑しています！」と書かれている。具体的には、「鳴き声」「ごみを荒らす」「フン・尿」が迷惑になっているようだ。

●図96−1：宮城県柴田町内の看板
出典：筆者撮影

昨今は「猫ブーム」と言われているし、野良猫を「地域猫」として育てる動きもあるが、猫による被害があるのも事実である。新幹線に「受益」と「受苦」の両側面があるように、猫にも「かわいい」と「迷惑」の両側面があるのだ。

また、**図96－2**は仙台市内の繁華街に設置されている看板である。こちらは「ハトとのトラブルがおきています」と書かれている。トラブルの内容は書かれていないが、おそらく糞害や歩行者を襲うなどの被害があるのだろう。

動物による被害は「獣害」と言われ、警備業と関係の深い問題になっている。農作物の食い荒らしや、多頭飼育崩壊による生活の荒廃などだ。農作物保護の警備業務を実施している例もあるし、機械警備の現場でペットの問題に直面する警備員もいるだろう。

一方で、猫やハトなどが町中で及ぼす被害も、広い意味では獣害なのだが、あまり警備業界で話題にならない。おそらく、その理由は二つある。

一つ目は、「町中」という場所が公共空間であり、警備契約の範囲外だからだ。例えば、猿が町中を逃げ回った場合も、対応するのは主に警察官である。警備対象施設内なら警備員も対応するだろうが、施設外の獣害まで対応する義務はない。

二つ目は、動物を「自然界の存在」だと見なしているからだ。本連載の第90回でも、「迷惑」になるのは人間の行為であり、雷などの自然現象は迷惑にならないと説明した。猫が鳴くのも、ハトが糞をするのも自然現象なので、それ自体は迷惑にな

●図 96-2：仙台市内の看板

出典：筆者撮影

らない。

当然ながら、警備員が「そこの猫さん、鳴かないでください」などと声掛けしても無意味である。しかも、警備員は猟友会のように武器を持つことはない。つまり、警備員には動物に対応する術がないのだ。

以上の二点だけを考えると、警備員が町中の動物に対応する必要はないと思えるだろう。しかし、**図96－1と2**には重要な視点が含まれている。いずれも、エサを与えないよう、人間に対して注意喚起していることである。

ようするに、町中の獣害を引き起こす要因は、人間による餌付けなのだ。一部の人間に対して「餌付けをやめろ」と訴えかけることが、これらの看板の真意である。ここまでは「よくある話」だろうが、これに警備業務が絡むと複雑な問題になる。

筆者は警備員時代に、東京都内の住宅街で新築工事の現場を担当した。その現場の隣の住民が野良猫に餌付けしており、現場周辺には多くの猫がいた。その一部が現場に侵入し、乾燥していない生コンやペンキを踏み荒らされた。

しかし、猫の侵入を防ぐのは難しいので、現場監督が隣の住民に餌付けを控えてほしいと要望したところ、トラブルに発展してしまった。

住民は、猫にエサをやるのは動物愛護の精神であり、工事を優先するのは間違っていると主張したのだ。さらに、動物愛護法（正式名「動物の愛護及び管理に関する法律」）の違反で施工業者を訴えるとまで主張した。

これに現場監督は怖気づいて、警備員に「住民に配慮しつつ、猫が侵入したら静かに追い払うように」と依頼した。その結果、この現場で注視する対象は歩行者や工事車両の動きよりも、「猫の動き」が中心になった。

たしかに、動物愛護法の第一条では、「人と動物の共生する社会の実現を図ることを目的とする」と定められている。この目的に従えば、工事のために餌付けをやめさせたり、現場周辺から猫を排除するのは動物愛護の精神に反するだろう。住民の主張は正しい。

ただし、同法の第一条には、「動物による人の生命、身体及び財産に対する侵害並びに生活環境の保全上の支障を防止し」とも明記されている。これに従うと、逆に現場監督の要望が正しいと言える。

なぜなら、施工中の物件は「人の財産」であり、その財産が猫に侵害されているからだ。さらに、猫の侵入によって「保全上の支障」も生じている。このように、動物に関わる問題は「どちらも正しい」からこそ難しいのである。

警備員が露骨に動物を排除すれば、動物愛護の精神に反するとして、苦情が寄せられるだろう。しかし、獣害を黙認したらお客様の財産を守れない。「かわいい」と「獣害」は紙一重であり、それに直面する警備員は板挟みの状態になる。

このように、動物に関わる「迷惑」は社会学的な考察を要するが、具体的な対処法を挙げるのが難しい。学術的な議論だけではなく、実務上の問題としても警備業界で議論すべきではないだろうか。

※紙面では文字数の関係で書けませんでしたが、良い事例もあります。広島県の尾道市立美術館で「館内へ侵入しようとする猫」と「侵入を阻止する警備員」の攻防が話題になり、好意的にニュースで取り上げられています。二〇二一年には『警備員さんと猫』(にごたろ著、角川書店)として出版されています。
猫が美術品を引掻くなどの獣害も想定される中で、猫を高圧的に追い出すのではなく、同館がSNSを利用してエンターテイメント化(社会学では「劇場化」や「物語化」とも言います)したことで、多くのファンを獲得できた好例だと思います。同館の警備員も、注目度が上がるにつれて対応に苦慮することがあるかもしれませんが、心温まる物語の主役として、今後も活躍してほしいと願っています。

第97回　見落とされた「住民」……伊丹空港の今昔

（二〇一八年九月二五日　第二一五号掲載）

二〇一八年八月、出張で大阪国際空港（以下、伊丹空港）に降り立った筆者は、珍しい看板を目にした。なんと、空港バスの「きっぷうりば」の文字が裏返しになっていたのだ。

伊丹空港では、ターミナルビルの大規模改修工事が進んでいる。到着ロビーが二階へ変更され、空港バスの乗り場も移設された。そのため、使われなくなった看板が裏返しにされていたのである。工事が終われば、旧バス乗り場の痕跡はなくなるだろう。

筆者が「今だけのシャッターチャンス」と興味津々で写真を撮っていたら、巡回中の警備員が通りかかったので、少しだけ立ち話をした。「長く伊丹空港に勤めているので、見慣れた光景がなくなっていくのが寂しいです」と、警備員は感慨深そうに心情を話してくれた。

そして、警備員は筆者に対して、「写真を撮ってくれて、ありがとうございます」と言った。伊丹空港の記憶が写真として残ることが嬉しいようだ。ひたむきに伊丹空港を見守り続けてきた警備員だからこそ言える、温かい御礼の言葉であった。

言うまでもなく、空港は重要施設である。旅客や貨物の拠点であるだけでなく、国防や災害復興支援の拠点となるので警戒水準は高い。一方で、空港の警備は常にデリケートな問題と背中合わせになっている。

これまで、空港をめぐる様々な問題で「住民」と「警備隊」が対立してきた。その最たる事例は、用地買収を巡る「成田闘争」（三里塚闘争）であろう。結局、空港の敷地内に住民を残したまま、成田空港は開港した。

二〇一八年現在も成田空港は新たな滑走路建設を巡り、用地買収の問題に直面しているが、伊丹空港にも長らく敷地内に住民がいた。滑走路脇の一角にあった中村地区の人々である。住民の多くが在日朝鮮人であり、「不法占拠」として扱われていた。

おそらく、「不法占拠」と聞いて「けしからん奴らだ」と言い出す人もいるだろう。しかし、国と伊丹市は二〇〇二年に中村地区の住民に対して移転補償を決め、新しい共同住宅へ移転した。これは異例の措置である。

異例の移転補償が行われた背景を、緻密な現地調査によって明らかにしたのが、社会学者の金菱清である。その著書『生きられた法の社会学』（新曜社、二〇〇八年）は第八回日本社会学会奨励賞の受賞作となった。同書は警備業務の基本を考える上でも、多くの示唆を与えてくれる。

まず、「不法占拠」の意味から確認したい。不法占拠している人々を「追い出せばよい」と考える警備業関係者も多いだろうが、行政であっても不法占拠を扱うのは容易ではない。その理由は、「違法」と「不法」の違いにある。

違法は「法に違反する」ことなので、法的根拠に基づいて取締ることができる。しかし、不法は「法に則していない」ことであり、法的根拠に基づいて取締ることができないのだ。そのため、行政のグレーゾーンにあたる。

例えば、通常の警備業務であれば、警備対象施設内に不当に居座る人がいたら「不退去罪」（刑法一三〇条）などの法的根拠をもとに退去させることができる。ただし、不退去罪は「人の住居若しくは人の看守する邸宅、建造物若しくは艦船に侵入」している場合なので、中村地区のような不法占拠には適用できないのだ。

しかも、中村地区の住民は空港ができた後に侵

●図 97：2018 年 8 月現在の伊丹空港の看板

出典：筆者撮影

入したのではなく、後から国が土地の所有権を登記している。しかし、住民も国も双方の権利を主張しなかったことで、曖昧な占有状態が続いた。それが後に「不法占拠」に転化していったのだ。

ここで言うべきでない一言が、「迷惑」である。国としては、敷地をフル活用できないので、中村地区は「迷惑」な存在かもしれない。とはいえ、「迷惑だから立ち退け」と言っても、事態は解決しない。立ち退いたとしても、行くあてがないからだ。

中村地区の住民の多くは日本国籍がないので、日本の「国民」と同じ生活保障がない。だから、中村地区から放出されると、居場所がないのである。中村地区の住民は空港敷地内に「不当に居座っていた」のではなく、「居座らざるを得なかった」のだ。

このような問題の原因について金菱は、「国民国家においてこれまで基本的に「国民」の主体像として「住民」が想定されてこなかった点にある」と指摘している(前掲書二〇四頁)。言い換えれば、「国民の受益」は考えても、「住民の受苦」は考えてこなかったのだ。

中村地区の住民は、常に航空機の激しい騒音と振動に悩まされてきた。空港は国にとって「重要施設」だが、住民の立場では「迷惑施設」と言える。お互いに「迷惑」の論理があるので、対立する可能性もある。

そこで、移転計画を穏便に進めるために持ち出されたのが、騒音防止法であった。騒音から解放されるという住民の「受益」を考えることで、事態の解決を図ったのだ。受益に注目したことで、新たな道が開けたのである。

今日も多くの警備員が現場で様々な「迷惑」と向き合っているだろう。そのとき、「迷惑」にこだわるのではなく、いかに「お互いに受益があるか」を考えることが重要ではないだろうか。

第98回　なぜ、誰も助けなかったのか……傍観者効果

（二〇一八年一〇月五日・一五日合併号　第二一六号掲載）


二〇一八年九月六日、元アイドルの女性タレントが酒気帯び状態で車を運転し、ひき逃げをした疑いで逮捕された。幸いにも被害者の男女二名は軽傷で済んだが、あるまじき事件である。

ただし、この事件を本連載で取り上げる目的は、飲酒運転やひき逃げを断罪するためではない。事件の現場に居合わせた人々が、誰も被害者を助けようとしなかった理由を説明したいと思ったからだ。そして、この疑問は警備業務にも通底している。

写真週刊誌『FRIDAY』（デジタル版）は九月一四日の朝、事件発生の瞬間をとらえたドライブレ

コーダーの映像を公開した。この映像には、目の前で事件を目撃した通学中の女子生徒三名や、通勤途中とみられる男女数名が映っていた。男性一名がゆっくり歩み寄る様子は確認できるが、それ以外の人々は被害者を救護することなく、現場を後にしたようだ。

これに対し、タレントのクリス松村は自身のブログで、女子生徒が救護せずに通り過ぎたことに「哀しみをおぼえました」「かなり冷静というか…無関心」などと心情を吐露した（スポーツ報知二〇一八年九月一四日一一時五八分配信）。

この心情に共感した人が少なからずいたようで、SNSやウェブニュースのコメント欄に「私も同じこと思った」といった書き込みが相次いだ。つまり、事件の目撃者（特に女子生徒）を非難するような風潮が生まれたのである。

しかし、筆者は映像を観た瞬間に、「傍観者効果」の可能性が高いと考えた。心理学者の鈴木丈織も、目撃者が被害者を救護しなかった要因は傍観者効果だと指摘している（J-CASTニュース二〇一八年九月一五日一七時一五分配信）。

傍観者効果とは、事件や事故が発生したときに、複数の目撃者がいると、誰も率先して行動を起こさなくなる現象である。つまり、その場にいる全員が傍観者になってしまい、誰も救護しない状況になるのだ。

傍観者効果には三つの要素がある。「責任の分散」（どうせ誰かが対応するだろうと考えること）、

「聴衆抑制」(失敗して非難されるのを恐れて動けなくなること)、「多元的無知」(周囲の人が動いていないから緊急性が低いと判断すること)である。

これらの三要素のうち、どれか一つでもあれば、善良な人間でも「冷酷な傍観者」のようになる。有名な事例は、一九六四年三月にアメリカで発生した「キティ・ジェノヴィーズ事件」である。

深夜に仕事から帰宅する途中の女性(ジェノヴィーズ)が、自宅近くの路上で暴漢に襲われ、殺害された事件だ。ナイフで刺されながら、悲鳴や助けを求める声を何度も上げた。

現場は住宅街であり、異変に気づいて路上の様子を窺った人が多かった。少なくとも、三八名の目撃者がいたと言われている。その中には、暴漢に向けて「やめろ!」と怒鳴った目撃者もい

救急車を呼んでください
AEDを持ってきてください
わかりました!
救急車をお願いします

●図 98:具体的な指示

出典:「イラスト AC」フリー素材を使用して筆者作成

た。

ところが、目撃者の誰一人として、暴漢を制止したり、被害者を救護することはなかった。しばらく経ってから近隣の住人が警察へ通報したが、すでに被害者は亡くなっていた。結果的に、目撃者が被害者を「見捨てた」とみなされたのである。

当時のアメリカのマスコミは、「冷酷な人間が増えている」「都会の人間は他人に無関心だ」といった論調で、目撃者の対応を一斉に非難した。暴漢よりも、むしろ目撃者の方が悪者として扱われたのだ。

このような報道に疑問を抱いた心理学者たちは、「目撃者の心理」の研究を展開した。それによって見出されたのが、傍観者効果だったのである。キティ・ジェノヴィーズ事件から半世紀以上を経ているが、今回の事件もほとんど同じ様相だった。

それでは、読者の皆様に「傍観者効果を防ぎ、すみやかに救護活動を開始するために、どうすればよいか」というお題を出そう。難しそうに思われるかもしれないが、実は、警備業では「あたりまえ」のノウハウとして定着している。

さて、あまり焦らさずに答えを出してしまおう。それは「特定の個人に対する指示」である。わかりやすい例は、AEDを使用する際の、周囲の人々への指示だ。まず、倒れている人に警備員が駆け寄り、「大丈夫ですか」と声を掛ける。その声掛けに反応しなければ、次に周囲にいる人々へ援助を求める。

そのときに、特定の個人を指すのではなく、「誰か、救急車を呼んでください」や「誰か、AEDを持ってきてください」のように、不特定の「誰か」に呼び掛けると誰も動かない。周囲に人が集まると、傍観者効果によって「自分以外の誰かがやるだろう」と思われるからだ。

そこで警備員は、「スマホを手に持っているあなた、救急車を呼んでください」「黒い鞄を持ったあなた、AEDを持ってきてください」と、特定の人を指して、援助をお願いする。指示内容の具体性だけでなく、「誰がやるか」を明確にすることが肝要なのだ。

もちろん、このノウハウは救護活動の現場だけでなく、社内での業務命令や管制指令でも同じである。「ウチの社員は動きが鈍い」と思っている経営者がいたら、自分がどのように指示を出しているか思い出してほしい。

もし、「誰か、この仕事を今日中にやっといて」みたいな曖昧な指示を出しているならば、社員が無能なのではなく、指示の出し方を間違えているのである。

第99回　たかが訓練、されど訓練……援助行動までの五段階

（二〇一八年一〇月二五日　第二一七号掲載）

前回は女性タレントの飲酒ひき逃げ事件を話題に挙げ、目撃者が被害者を助けない理由を心理学的に説明した。複数の目撃者がいると、「傍観者効果」によって、援助行動ができなくなるのだ。だからこそ、警備員はAEDが必要な場合などに、「誰か手伝って」と曖昧に言うのではなく、周囲の人を指して具体的な指示を出すことになっている。とはいえ、「正義感があれば、警備員が指示しなくても、自主的に援助するはずだ」と思う読者もいるだろう。

しかし、事件や事故の目撃者に正義感があっても、自主的に援助するのは容易ではない。なぜなら、目撃者が単純に「援助する／しない」という判断を迫られているわけではないからだ。

心理学者のラタネとダーリーは、事件の検証だけでなく、実験も行って傍観者効果の三要素を明らかにした（竹村研一・杉崎和子訳『冷淡な傍観者』ブレーン出版、一九七七年）。ここまでは前回で説明したが、ラタネの研究には続きがある。

その研究の結果、目撃者が「援助する」と決めるまでに、**図99**のように五つの段階があることを

明らかにした。言いかえれば、目撃者は五つの段階のいずれかで、「援助しない」という判断をすることもできるのだ。

一つ目の段階は、緊急事態に気づくかどうかである。例えば、駅のホームで倒れている人がいても、柱や看板の陰に隠れていて、駅の利用客や駅員に気づかれなければ、誰も援助しない。まずは「気づかれる」ことが重要なのだ。

二つ目の段階は、緊急事態だと判断するかどうかである。駅のホームで倒れている人がいると気づいても、「酔っぱらいが寝ているだけ」だと思えば、多くの利用客は素通りしていく。つまり、「様子がおかしい」（緊急事態）と思われなければ、誰も援助しないのだ。

三つ目の段階は、自分の

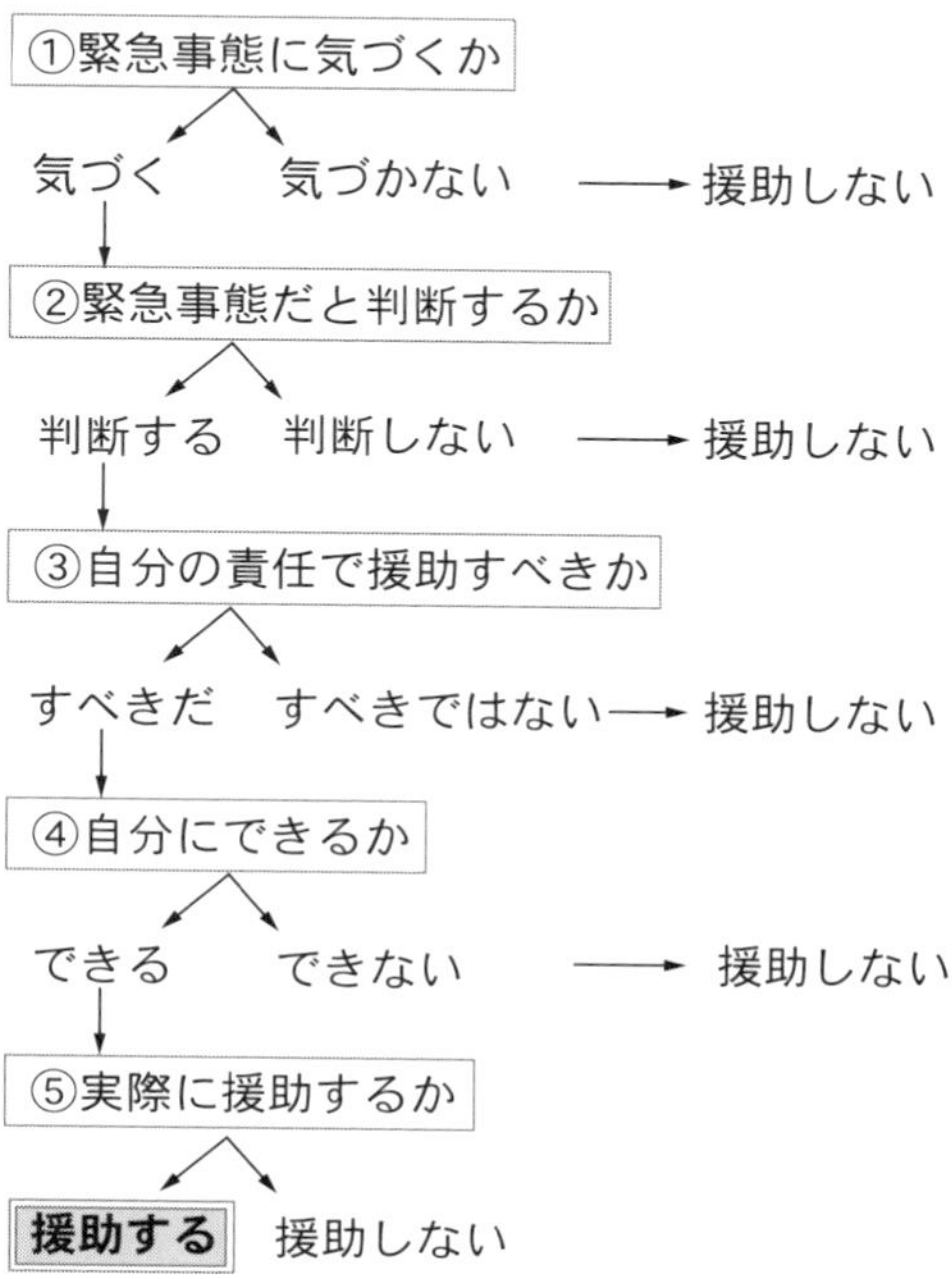

●図 99：援助行動までの五段階
出典：筆者作成

責任で援助すべきかどうかである。駅の利用客の一人が「様子がおかしい」と気づいて倒れている人に声を掛け、反応がないことを確認しても、「駅員に任せた方が確実だ」と思えば、自分の責任で援助すべきではないと判断する。

四つ目の段階は、自分にできるかどうかである。近くに駅員がいなければ、自分が駅員を呼びに行くか、蘇生を試みるしかない。しかし、電車に乗り遅れる寸前だったり、蘇生法に習熟していなければ、「自分にはできない」と判断して援助せずに立ち去る。

五つ目の段階は、実際に援助するかどうかである。蘇生法に習熟していなくても、時間に余裕があり、駅員を呼ぶだけなら可能だと考える。ここまできて、ようやく「援助する」と判断して、駅員を呼びに行くのである。

以上の五つの段階は、当然ながら長時間の会議を経て判断されることではない。いわゆる「咄嗟の判断」として、目撃者の頭の中で展開されることだ。やむを得ずに「援助しない」と判断しても、三つ目以降の段階であれば後ろめたさは残る。

このように、事件や事故が発生すると、当事者だけでなく、目撃者にも大きな負担がかかるのだ。たとえ善人であっても、援助せずに立ち去る人もいる。これは心理的に正常な判断であり、目撃者を「冷酷だ」と非難すべきではない。

ただし、目撃者が「通行人」や「利用客」といった立場であれば、援助せずに立ち去っても許されるだろうが、勤務時間中の警備員だったら許されないだろう。もちろん、警備員も人間なので、五つの段階を経て「援助する／しない」を判断するはずだ。

しかし、多くの目撃者は、警備員が駆けつけたことで、「あとは警備員が適切に対処してくれる」と判断する。つまり、目撃者は三つ目の段階で「援助しない」（警備員に任せよう）と判断するのだ。

にもかかわらず、警備員も「援助しない」と判断すれば、初期対応や現場保存などの措置だけでなく、関係諸機関への連絡でさえも誰も行わない状況になる。そうなると事態が悪化して、警備業務の「人の生命・身体・財産を守る」という目的が果たされない。これでは、警備員として不適格だとみなされてしまう。

あくまで推論だが、警備員にとって重要なのは、四つ目の段階で「自分にできる」と判断することだと考えられる。一つ目の段階は巡回業務でクリアできるし、二つ目の段階も観察や声掛けでクリアできる。三つ目の段階になっても、警備員としての自覚（職業意識）があれば、「援助する」と判断するだろう。

しかし、日頃の訓練が不充分だと、緊急事態の対応要領を思い出せずに、「自分にはできない」と判断するかもしれない。周囲の目撃者に援助を依頼することもできず、最悪の場合は救護の足手まといになる。その結果、警備員も傍観者に徹してしまうと考えられるのだ。

「たかが訓練、されど訓練」を肝に銘じながら、警備員や指教責の皆様には日頃の訓練に取り組んでもらいたい。それが「窮地を救った優秀な警備員」と「ダメな警備員」の分水嶺になるのだから。

※あくまで私見ですが、池袋駅立教大生殺害事件も傍観者効果の影響が大きかったのではないかと推察しています。同事件は一九九六年四月一一日にJR池袋駅の山手線ホーム上で、立教大学の学生であった二一歳の男性が、加害者の男性から顔を殴打され転倒し、頭部を強打して死亡した事件です。結果的に加害者の逮捕に至らず、未解決事件になりましたが、同事件についてメディアでは次のように報じられています。

「事件当時、駅ホームには一〇〇人を超える乗客がいたとされる。しかし、目撃者として情報を寄せたのはわずかだった。隣近所や地域とのつながりが希薄となり社会的無関心が問題となって久しかった。ビラ配りでは「無関心の怖さ」も訴えた」（産経新聞二〇二〇年一二月二〇日一九時〇〇分配信）。

さらに同事件の場合、山手線の発着本数の多さから、現場に留まって事件の一部始終を目撃していた人が少なかった可能性もあります。ご遺族の無念に胸が痛みますが、同時に、目撃証言を得ることの難しさと、援助行動を実行することの難しさを証明する事例だと考えられます。

第100回　一〇〇年後に残る仕事を目指して

（二〇一八年一一月五日・一五日合併号　第二一八号掲載）

学者とは、「学識経験者」の略称ではなく、「学ぶ者」のことである。この至言を筆者が聞いたのは、大学生のときの授業中だった。教授なりの「学者は学ぶ者として、謙虚に、そして実直に真理を追究すべきだ」という自戒である。教授がさりげなく言ったので、多くの学生は聞き流したかもしれないが、筆者は感銘を受けた。

実際に、その教授は高名なのに腰が低く、多くの学生から慕われていた。むしろ、「高名だから」こそ、腰が低かったのだろう。「実るほど頭を垂れる稲穂かな」を体現した学者であった。

筆者も学者になり、その重みを実感するようになった。わからないことが多々あるので、ひたすら学び続ける日々である。文献や資料を読めばわかる（わかったつもりになる）こともあるが、現場に行って知ることの方が多い。

アメリカのシカゴ学派の社会学者たちは、研究室の椅子に座ったまま、現場を見ようとしない学者を、「安楽椅子の学者」と称して冷笑した。安楽椅子の学者は、机上の空論しか生み出さないからである。

だから、筆者も現地調査やインタビュー調査を重要視している。光文社新書のキャッチコピーとも重なるが、「知は、現場にある」を貫いて、警備業の現実を追究していく方針だ。未熟者ではあるが、「目標は高く設定すべし」である。

とはいえ、調査される側である警備業関係者に迷惑をかけているという自覚もある。不躾な質問をして不快にさせたこともあるだろうし、現場で厄介者になったこともあるだろう。また、「あまり警備業界をかき乱さないで」と釘を刺されたこともある。

いずれにせよ、学者は招かれざる客であり、研究成果が必ず人を幸せにするとは限らないことも、学者の重要な心得である。この考え方に興味がある人は、宮本常一・安渓遊地『調査されるという迷惑』(みずのわ出版、二〇〇八年)を参照してもらいたい。

それでは、なぜ学者は学び、研究するのか。もちろん、研究する目的は人それぞれだろうが、筆者の場合は「一〇〇年後の学者や警備業関係者が困らないように、警備業研究の礎を築く」ことを大きな目的にしている。

例えば、「温故知新」は昔のことを調べて、新たな知見を得ることを意味する。そのためには、後世が昔のことを調べられるように、先人が文献や資料(以下、「史料」を含む)を残しておくことが前提になる。

にもかかわらず、日本の警備業に関する文献や資料は多くない。もちろん、警察庁などの公文書や、業界紙（誌）の記事は出されているが、警備業の歴史や実態をつぶさに確認できる文献や資料が少ないのだ。後世が困るのは目に見えている。

歴史に関しては、全国警備業協会が発行している教本類の場合、「一九世紀中ごろにアメリカでピンカートン社が誕生」したこと、日本では「昭和三七年に国内初の警備保障会社が設立」されたことから説明が始まる。

一方で、諸外国の警備業の教本類では、中世の城郭警備の歴史だけでなく、古代の洞穴生活での警備も説明されている。一〇〇年どころか、数千年のスパンで警備の歴史が概説されているのだ。あまりにもスケールが違いすぎて、「日本の警備業研究は遅れている」と言わざるを得ない。

ここで想定されるのは、「そんなことよりも、今日や明日の仕事をこなす方が大事だ」という反論である。たしかに、警備業が営利活動である以上は、「数千年前の警備」や「一〇〇年後の警備」よりも、「今日や明日の仕事」の方が大事なのは理解できる。

しかし、他の業界は「今日や明日」の目先の仕事だけでなく、もっと長いスパンで自分たちの仕事に勤しんでいる。例えば、建設業界であれば大手の鹿島建設が「一〇〇年をつくる会社」、大成建設が「地図に残る仕事」をキャッチコピーにしている。

建設業の場合は「建物や道路が残る」という特徴があるので、「無形のサービス」を提供する警備業とは違うと思われるかもしれない。

ところが、いくら建設業者が立派な建物を造っても、適切に管理されなければ、いずれ廃墟になって取り壊されてしまう。道路も同じく、わだちや陥没を改修しなければ、誰も通らない「醜道」として荒れ果てる。

そうならないように、建物を点検したり、工事ができる環境を整えるのが警備業務である。すなわち、「一〇〇年をつくる」や「地図に残る」という誇らしい仕事も、警備業の尽力なくして成立しないのだ。

ただし、めまぐるしい変化を続ける社会で、目先の仕事だけを見て、現状に胡坐をかいているようでは、いずれ社会から取り残される。建設業者などのユーザーが一〇〇年後を見据えているのなら、警備業も同じか、もしくは「その先」を見据える必要がある。

フランスの哲学者コントは、「予見するために見る」という名言とともに、そのための学問として社会学を創設した。古い知識や技術に「しがみつく」のではなく、過去や現在を見つめながら、「新しい知を見出し、未来を予見する」ことを求めたのだ。

警備業の「その先」を見据えるためには、警備業関係者も「学ぶ者」であり続ける姿勢が求められる。つまり、実務家も「学者」なのだ。学者であるからには、本社の椅子に座って考えるだけでなく、学びの「知」は「現場にある」ことを忘れずに、警備業の現実を直視してほしい。

筆者は「一〇〇年をつくる」を目指し、「図書館に残る仕事」を誇りに研究活動を続けている。それを支えているのが、警備業務の現場から得られる知である。今後も警備業関係者の皆様と学び合いたいと願いながら、本連載一〇〇回目の節目としたい。

※二〇二〇年のコロナウイルス禍では、約一〇〇年前のスペイン風邪が話題になりました。未知のウイルスに対して、人類がどのように立ち向かったのかを回顧する報道などが多かったように思います。映像どころか、写真さえも珍しかった当時の状況を、二〇二〇年現在の私たちが知ることができるのは、先人が多くの資料(史料)を残してくれたからです。スペイン風邪の惨禍を後世へ伝えようとした人もいました。一方で、約一〇〇年後に同じような惨禍が起こるとは予想せず、あくまで個人の日記や業務日誌として記録していた人も多かったと思われます。
しかし、結果論かもしれませんが、個人の日記や業務日誌であるはずの記録が貴重な資料(史料)となり、後世の役に立っていることは事実です。現在、警備業に関係している皆様には、警備日誌や警備計画書などの資料の価値を考えてもらえたら幸いです。

第101回　バイオテロとパンデミックの対策は万全か？

（二〇一八年一一月二五日　第二一九号掲載）

二〇二〇年の五輪開催を見据え、東京を中心にテロ対策への関心が高まっている。警視庁だけでなく、国交省も羽田空港などの主要施設で爆発物検知実験を始めた（『警備新報』二〇一八年一〇月二五日号）。

国際情勢を鑑みれば、イスラム国（ＩＳＩＬ）の脅威などがあるので、テロ対策が重要なのは言うまでもない。五輪のみならず、今後もインバウンドの拡大を期待するのであれば、「安全な国・日本」の質的な維持・向上を目指して、テロ対策の重要性はますます高まるだろう。

一方で、筆者は昨今のテロ対策に一抹の不安を感じている。なぜなら、「凶器」や「爆発物」ばかりに気を取られて、「生物兵器」や「感染症」への対策が進んでいないように見えるからだ。

生物兵器とは、人体に害を及ぼす病原体や、その病原体が生成する毒素を、兵器として使用するものである。生物兵器を使って無差別に多くの人を殺傷することを「バイオテロ」という。強力な感染力や増殖力をもつ病原体が撒かれたら、おそらく現在のテロ対策では太刀打ちできないだろう。

　また、テロを意図しなくても、感染症に冒された渡航者が、病原体を日本国内に持ち込んでしまう可能性もある。その結果、パンデミック（大規模感染、世界的流行）が発生し、死者や重篤患者が続出すれば、バイオテロと同じような混乱に陥るだろう。

　すなわち、警察や国交省だけでなく、消防庁や厚労省（特に国立感染症研究所）などの公的機関が足並みを揃えて、総合的に「テロ対策」を考える必要があるのだ。もちろん、その内容は「水際作戦」のみならず、「国内に持ち込まれた／撒かれた」という想定も含まれる。

　大袈裟だと思っている読者もいるだろうが、諸外国ではマラリアやエボラ出血熱などの流行が確認されている。危険な病原体が渡航者によって国内に持ち込まれる可能性は皆無ではない。

　国内でも、二〇一四年に代々木公園を中心にデング熱の感染者が確認され、大騒ぎになった。デング熱は蚊が媒介するため、防護服に身を包んで殺虫剤を散布する様子が報道されていたが、物々しい雰囲気であった。インフルエンザウイルスやノロウイルスなどの馴染みのある病原体であれば対策の目途も立つだろうが、馴染みのない病原体への対策は難航することが予想される。

　また、「爆破予告」ならぬ「撒布予告」（「炭疽菌をばら撒くぞ」といった脅し）によって、緊急警戒態勢が敷かれる可能性もある。実際に病原体を撒かれなくても、脅しがあれば警備体制を変更せざるを得ないのだ。

そうなると、警備業も無関係ではいられない。重要施設の出入管理でサーモグラフィによる体温検査を行ったり、不特定多数の人々が行き交う大型施設やイベント会場などで入場規制を行う可能性も考えられる。そのときに、現場の最前線で活躍が期待されるのは警備員である。とはいえ、日頃からバイオテロやパンデミックの対策を含めた研修を行っている警備業者は少ないだろう。

防衛医科大学校教授でバイオセキュリティに詳しい四ノ宮成祥は、新アメリカ安全保障センター議長のダンジグが示した「国家的対策が必要となる壊滅的なバイオテロのシナリオ」を**表101**のようにまとめている。

例えば、シナリオ「3」の「清涼飲料への混入（食品テロ）」は、一九八四年から翌年にかけて発

シナリオ	使用する微生物	特徴	対処／影響
1 屋外における大規模なエアロゾル散布	炭疽菌	吸入炭疽の対処には迅速な治療開始が必要．一般にヒトからヒトには伝染しない．	抗生物質の備蓄，迅速な検出技術（PCRなど）
2 屋外における大規模なエアロゾル散布	痘瘡ウイルス（天然痘）	ヒトからヒトに感染する．伝染性が強い．	隔離施設の確保，ワクチン接種の必要性
3 清涼飲料への混入（食品テロ）	ボツリヌス毒素	製造・供給段階での混入により多数の傷病者を出す．A型菌由来の毒素の致死量（ヒト）は1μg.	早期であれば抗毒素（抗血清）による治療を行う．食品中の毒素は加熱処理（100℃1分または85℃10分）により破壊される．／食品の回収などによる経済損失，食品安全への不安
4 畜牛，羊，豚に対するアグロテロ	口蹄疫ウイルス	発症を予防するためのワクチンは存在するが，いまだに重要な家畜伝染病である．罹患動物は長期に亘り糞便中にウイルスを排出する．	家畜の殺処分並びに移動禁止／家畜及び食肉の輸出入管理に影響，経済的な損失が大きい

●表101：バイオテロの四つのシナリオ

出典：四ノ宮前掲論文3109頁

生した「グリコ・森永事件」の一連の事件で、青酸ソーダが入った菓子が撒かれたことが挙げられる。

そうなると、保安警備でも通常の「万引き犯の捕捉」だけでなく、「不審な商品の早期発見」が求められるかもしれない。しかし、グリコ・森永事件のように「どくいり　きけん」などと書かれているとは限らない。

ところが、項目別の細かいマニュアルを策定すると、相当な分量になる。その全てを頭に入れて対応するのは困難である。だからこそ、むやみにマニュアルを覚えるのではなく、「対応の流れ」をイメージするためにシナリオの設定から始めるのだ。

四ノ宮によれば、これらのシナリオを設定することで、①バイオテロ可能性の認識や脅威の把握、②関連部署の連携強化、③予算配備による具体的対策強化やモデルケースによる取り組みの明示、④バイオテロが起きた際の具体的対処の為の検討資料の作成、などに有益な示唆を与えるという。

その上で四ノ宮は、従来のバイオテロ対策は、検知、診断、予防、治療が原則であったが、今後は社会における総合的なテロ対応力の構築や抑止力としての科学者・技術者の倫理観の育成が重要となると述べている（「バイオテロの可能性とその対策」『日本内科学会雑誌』第一〇一巻第一一号収録、二〇一二年）。

科学者や技術者の倫理観については、その分野の専門家に委ねるしかない。一方で、「社会における総合的なテロ対応力の構築」は警備業に直結する課題である。にもかかわらず、現在の出入管理や巡回の実施要領は「凶器」や「爆発物」と思われる不審物を発見した場合の対処法が基本なので、バイオテロやパンデミックの対策に特化した教材がない状態だ。

今からでも遅くない。バイオテロやパンデミックに対応するためのシナリオを設定し、テロ対策や日頃の警備員教育に導入すべきではないだろうか。

※食品テロとしては他にも、二〇一三年に人気漫画『黒子のバスケ』の作者とタイアップ商品販売店を脅す目的で、関連商品の菓子から毒物のニコチンが検出された事例があります。コンビニエンスストアで陳列された商品ですが、脅迫文が届いたことで商品を撤去したため購入者はおらず、被害は確認されていません。

菓子はカード付きのウエハースで、包装が開封されて「毒入り危険」などと書かれたシールも貼られていました(『産経新聞』二〇一三年一一月一七日付)。なお、同事件は通称「黒子のバスケ脅迫事件」の一つであり、すでに犯人は逮捕され、実刑判決が下されています。

第102回　ペストvs警備……プロヴァンスの防疫線

（二〇一八年一二月五日・一五日合併号　第二二〇号掲載）

前回、昨今のテロ対策でバイオテロとパンデミックが見過ごされていると述べた。前回の原稿は一一月初旬に入稿したのだが、その後の一一月一五日に厚労省と国立感染症研究所は、エボラウイルスなど「一種感染症」の病原体の輸入を検討していると発表した。筆者としては「渡りに船」である。

「なぜ、危険な病原体を輸入するのか」と思われるだろうが、実現すれば治療に役立ち、患者の回復具合を判断する検査法が確立できる。さらに、変異した病原体に対しても正確で迅速な診断が可能になるようだ。

背景にあるのは訪日外国人客の増加である。二〇二〇年の五輪開催を控え、危険な病原体が日本国内に持ち込まれることを想定した対策であり、前回の筆者の指摘とも重なる（『産経新聞』二〇一八年一一月一六日付）。

もちろん、警備業は治療や検査法の確立に関わる業種ではない。しかし、欧州の歴史を繙（ひもと）くと、感染症対策で警備が重要視されていたことがわかる。現在の感染症対策がほぼ「医療のみ」なのに対して、歴史的には「医療と警備」の両面で進められたのだ。

そこで紹介したいのは、法学者の西迫大祐が著した『感染症と法の社会史』(新曜社、二〇一八年)である。同書は中世のフランスを中心に、当時の人々がどのように感染症を予防し、そのための法や規則を作り出していったのかを丹念に分析している。

その中で、一七二〇年からマルセイユで流行したペスト惨禍に注目しよう。当時のマルセイユは、プロヴァンス地方最大の都市で、人口は約一〇万人であった。交易が盛んで、東方とヨーロッパの中継地として、多くの人々が行き交っていた。

ペスト流行のきっかけは、罹患者を多く乗せた船が入港したことである。入港前に船内でのペスト流行が確認されていたので、隔離院で乗員、乗客、貨物の検疫が行われた。しかし、水際作戦に失敗して、マルセイユでペストが拡がってしまったのだ。

このままマルセイユの交易が続けば、他の都市にもペスト罹患者や菌が付着した物品が流通し、被害が拡大してしまう。そこで、近隣の各都市は城門に自警団を配置したり、軍隊を配備して「防疫線」と言われる検疫網を張り巡らせた。

防疫線には検疫所が設けられ、一七二三年にペストが沈静化するまで検疫が行われた。さらに、**図102**のようにプロヴァンス地方全体で、「ペストの壁」と言われる石製の防護壁を広範囲に建造し

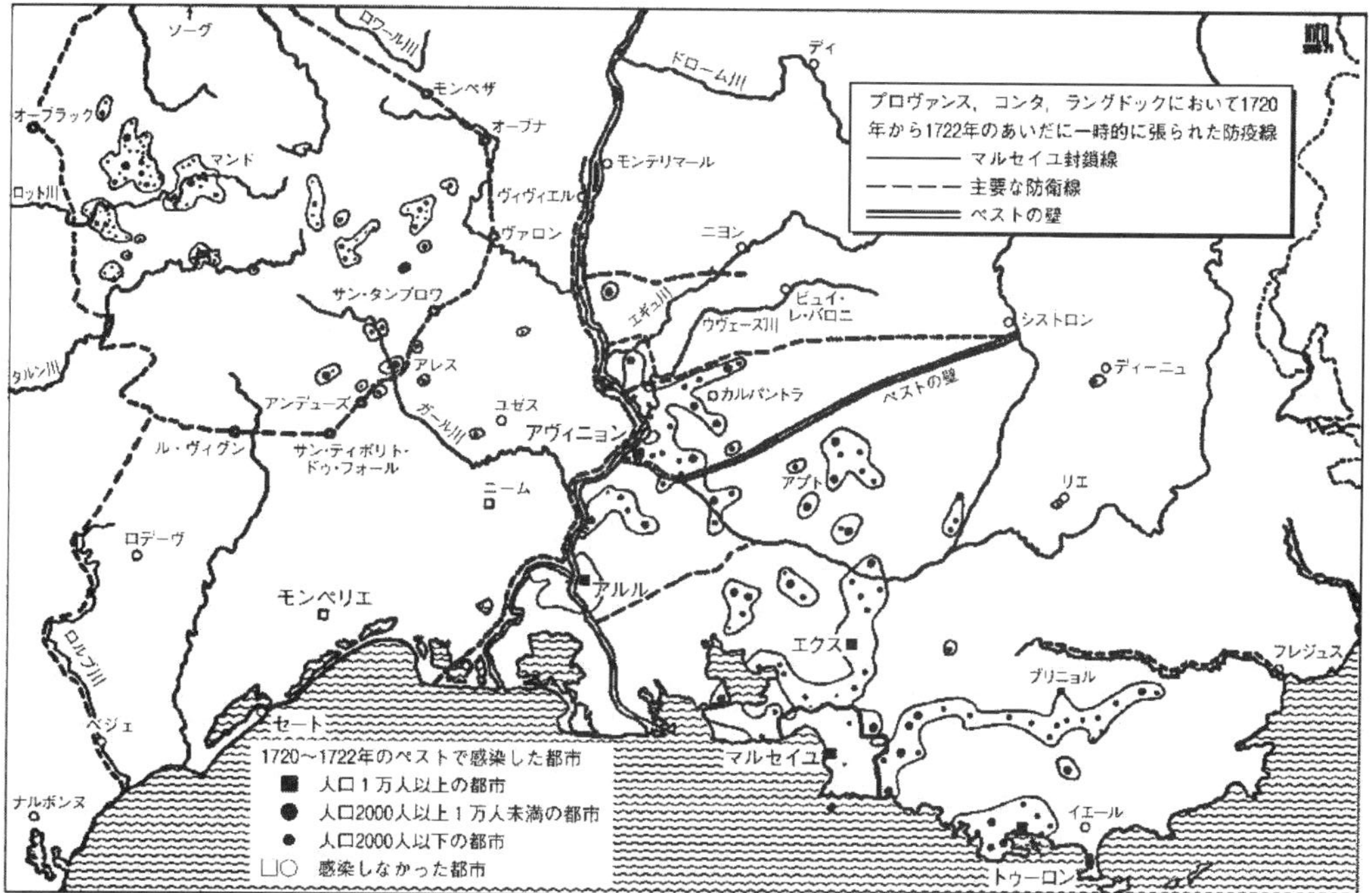

●図 102：プロヴァンスの防疫線
出典：西迫前掲書 67 頁

て、物理的にペストの蔓延を防ぐ方法も実行された。建設重機のない時代に、大規模な工事を迅速に進めて防護壁を設置したのだから、その実行力は驚嘆に値する。それと並行して、軍隊と自警団による警備体制も確立したわけだ。中世の危機管理も侮れない。

一方で、隔離されたマルセイユ市内でも、警備が重要視された。物流が寸断されたことで深刻な食糧難に陥り、急激に治安が悪化したためだ。少ない食糧品を求めて、街中に窃盗や強盗がはびこったのである。

さらに、食糧が届いても運び手がおらず、市民に行き渡らない。そこで、運搬のために兵士が派遣された。現在の日本でも自衛隊が災害支援物資を運ぶことがあるが、これと似たような状況であったと考えられる。

また、市外へ逃げ出した医師や商人も多く、営業していない病院や商店も目についた。そのため、二四時間以内に市内へ戻って営業を再開しなければ死罪にするという、強硬な命令も下された。それでも市内へ戻らない医師や商人が多かったので、強制的に連れ戻すために市外へ警備隊が派遣された。このように、「防疫線の警備」だけでなく、「市内の治安改善」「物資の運搬」「逃亡者の強制連行」でも警備隊が重要な役割を担ったのである。

もちろん、ここでの「警備隊」は主に軍隊なので、警備業の原型とは異なる。少なくとも、警備契約に基づいたサービスでない限り、現在の警備業務とは区別すべきである。ただし、感染症対策として警備が行われた歴史は無視できない。

現在の日本の警備業務では、「防疫線」の発想は教本類で目にしないし、警備業関係者との話題にも上がらない。一応、「警戒線」に基づいて侵入者を防ぐ発想があるが、感染症対策としては不充分である。おそらく、医療や公衆衛生の技術が発達したことで、警備分野の関係者が感染症対策に関与する必要がなくなったのだろう。それ自体は「人類の進歩」として賞賛されるべきことだ。

ところが、見方を変えれば、「警備分野から感染症対策の発想が失われた」ということでもある。そのため、「テロ対策」の議論でも、バイオテロとパンデミックの視点が欠落しているのではないかと考えられる。

もちろん、現在の警備で「逃亡者の強制連行」のような強硬な手段が用いられることはないだろう。しかし、「罹患者の出入管理」や「菌やウイルスが付着した物品の持込み（持出し）」に施設警備で対応する可能性は皆無ではない。

また、実験用や検査用の病原体を運搬する場合に、危険物運搬警備で対応するかもしれない。そのときに、迅速かつ的確な警備業務が実施できるのだろうか。最新のテロ対策を考えるヒントは、歴史書の中に隠されている。

第103回　いつから「日勤」？　いつまで「夜勤」？……時間意識

（二〇一九年一月一日　第二二一号掲載）

前回は中世フランス（プロヴァンス地方）のペスト惨禍と防疫線に注目し、歴史的に感染症対策で警備が重要視されたことを紹介した。ただし、当時の「警備」と現在の「警備業」は区別する必要がある。

日本でも、江戸時代の「町奴」が警備業の起源であると言われるが、やはり現在の警備業とは明らかに違う。その違いを挙げはじめるとキリがないが、今回は「時間意識の違い」に注目したい。

現在の警備業は、「上番八時」や「二二時間交代制」のように「勤務時間」がある。また、施設警備などの「定時巡回」や、機械警備の「即応二五分以内」のように、警備員は分単位で時間に追われている。そして、勤務時間に間に合わなかったり、定時に巡回が終わらなかったり、二五分以内に即応できなければ、「遅刻」とみなされる。すなわち、警備業務は「時間との勝負」なのだ。

筆者も警備員時代は鉄道員と同じ懐中時計（鉄道時計）を携帯して、時間管理を徹底していた。出入時刻や事故の発生時刻などを正確に日報に記載するために私費で購入した。現在も試験監督や司会を務めるときなどは、この時計を愛用している。

一方で、前近代の警備では、「分刻み」などの厳密な時間管理は求められなかった可能性が高い。なぜなら、「時間」という考え方そのものが、近代（明治維新以降）になって輸入されたからだ。

江戸時代までの前近代の日本では、日出（明け六つ）と日入（暮れ六つ）を基準とした不定時法で時刻が計られていた。言うまでもなく、季節によって日出と日入の時刻が違うので、夏至と冬至で一時間半以上のズレが生じる。

前近代の社会では、農作物の手入れや家事などを「日があるうち」に済ませればよかったので、不定時法の大まかな時刻で生活が成り立っていた。すなわち、厳密な時間管理をする必要がなかったのだ。

しかし、明治時代に鉄道と工場が登場すると、不定時法では都合が悪くなる。鉄道は「定刻発車、定時運行」が求められるし、工場も始業と終業の時刻を決めて「定時勤務」や「交代制」などの労務管理をする必要があるからだ。

そのため、一八七三年（明治六年）一月一日から「一日＝二四時間、一時間＝六〇分、一分＝六〇秒」の定時法に改められた。これ以降、日本人は「時計」を見て時刻を確認し、「時間」という単位で生活するようになる。

厳密に言えば、「一日」は「二四時間」ではない。わずかにズレがあり、それを補正するために

「閏秒（うるう）」や「閏日」がある。しかし、不定時法に比べれば定時法の誤差はだいぶ少なく、「標準時」という統一的な基準で社会を構成することができた。

もちろん、日本各地へ定時法を普及させるためには、すべての国民が時間意識をもつことが条件になる。そのため、寺の鐘の音で正午を伝えるなどの方法で時間を意識させ、時間を守ることを習慣づけたのである。

とはいえ、日出と日入を基準として生活を続けてきた人に、いきなり「時間を守れ」と言っても守れるはずがない。そこで、時間を守れない場合は「遅刻」とみなして何らかの罰を与えることで、時間意識を定着させていったのだ。

このあたりの詳細は、橋本毅彦・栗山茂久編著『遅刻の誕生』（三元社、二〇〇一年）を参照してほしい。同書では警備業務の時間管理には触れられていないが、明治以降の「近代日本」という社会が「時間」によって構成されていることがわかる。

ただし、時間によって構成された社会が「あたりまえ」になる一方で、大きな疑問が残されている。それは、いつから「日勤」が始まり、いつまで「夜勤」が続くのか、という問題である。

例えば、「上番八時、下番一七時」であれば、まず間違いなく「日勤」に区分される。一方で、「上番二二時、下番六時」なら、「夜勤」として区分されるだろう。それでは、「上番一三時、下番二二時」の勤務は日勤なのか、それとも夜勤なのか、どちらだろう。

また、「上番一月一日二三時、下番一月二日七時」の場合、おそらく「一月一日の夜勤」とみなされるだろう。しかし、「一月一日」の勤務時間は二三時から二四時までの一時間しかなく、その後は「一月二日」に勤務していることになる。

このような不可解な現象が起こる理由は、警備業務が定時法で構成されているにもかかわらず、勤務区分に不定時法の考え方が含まれているためである。日出後に始業する勤務を「日勤」、日入後に始業する勤務を「夜勤」と称したために、定時法の考え方と一致しないのだ。

余談だが、「サマータイム制の導入」も、定時法の枠を崩さずに不定時法の発想で勤務時間などを変更するという複雑な手続きが必要になる。人間が臨機応変にサマータイムを受け入れたとしても、交通機関などの厳密な時間管理が求められる分野でシステムに混乱が生じるのは明白だった。だから、見送られたのである。

いずれにせよ、ここまで複雑な時間管理を「あたりまえ」と受け入れて、混乱せずに警備体制を組めるのだから、警備業関係者は器用である。

もっとも、一部の警備員は「夜勤は給料が高い」くらいにしか考えていないのかもしれないが、それで現場が困らないのであれば、深入りしないでおこう。

第104回　「外出率」と警備の需要……時間地理学

（二〇一九年二月五日　第二二三号掲載）

唐突だが、読者の皆様にクイズを出そう。次の三つの地域で、「外出率」（当日一回でも外出した者の割合）が最も高いのは、どこでしょうか？

①大都市郊外の住宅地
②地方中小都市
③農村

正解は後ほど発表するが、これは前回紹介した橋本毅彦・栗山茂久編著『遅刻の誕生』（三元社、二〇〇一年）に収録されている荒井良雄の論文「農村の時間と空間」の内容を、筆者がクイズにしたものだ。

荒井の専門は「時間地理学」であり、地域社会とそこに住む人間を理解するために、人々の生活の成り立ちを時間と空間の両面から解き明かす学問である。一九七〇年代にスウェーデンの地理学者ヘーゲルストランドによって提唱された。

この時間地理学に基づいて、荒井は一九八八年から一九九四年にかけて、四つの地域で生活活動調査を実施した。「①大都市郊外の住宅地」として愛知県日進市と埼玉県川越市、「②地方中小都市」として長野県下諏訪町を挙げ、いずれも農村地区を除いた都市部で調査している。

一方で、「③農村」として挙げられたのは、岐阜県清見村（現在は高山市に編入）である。清見は「純農村部」であり、他の地域とは明らかに性格を異にしている。これら四つの地域で、最も外出率が高いのはどこか、というのが今回のクイズだ。

おそらく、日進や川越は交通機関が発達しており、商業施設なども多いので、最も外出率が高いのは「①大都市郊外の住宅地」だと思った読者もいるだろう。また、清見のような純農村部は交通や娯楽の面で外出率が低いと思った読者もいるのではないか。

それでは、正解を発表しよう。最も外出率が高いのは、「③農村」である。**表104**は日曜日の平均活動時間を夫と妻に分けたものだが、清見は「仕事」と「社会的つきあい」で他を圧倒している（なお、荒井は平日の活動時間も調査しているが、本連載では割愛する）。

日進や川越の場合は、大都市へ通勤する会社員が多いため、日曜日の「仕事」の時間は短い。一方で、農作物は曜日に関係なく手入れが必要なので、農村では日曜日でも「仕事」に多くの時間を費やすようになる。

また、荒井の調査では、日曜日に消防団の大会が開催され、清見の青壮年男性のほとんどが参加していた。また、相当数の家族が大会の観覧に出かけている。さらに、大会終了後に宴会が開かれ、「社会的つきあい」に多くの時間を費やしていた。

時間地理学の観点では、最も活動の多様性が高まるはずの休日に、村を挙げたイベントを開催して、村民が総動員されるのは典型的な「ムラ社会」だとされる。すなわち、清見は名実ともに「ムラ社会」であることがデータで裏づけられたのだ。

言うまでもなく、「外出率が高い」ということは、「在宅率が低い」ということでもある。よく、「農村では外出時に鍵をかけない」と言われるが、自動車が普及する以前であれば、地域住民しかいないので、治安は保たれたであろう。

活動種類	夫				妻			
	清見	下諏訪	日進	川越	清見	下諏訪	日進	川越
仕事	194.6 分	125.4 分	55.3 分	71.3 分	140.6 分	24.5 分	27.4 分	28.0 分
買い物・サービス	9.3	23.1	58.7	39.1	25.6	36.7	69.0	60.9
外食	29.5	13.2	14.3	12.5	4.2	7.6	14.4	10.6
レジャー	26.8	71.8	40.6	83.0	15.8	21.8	14.9	28.5
送迎	1.0	1.1	2.0	0.2	8.4	2.6	2.2	1.0
社会的つきあい	365.3	53.4	11.6	35.1	118.8	48.2	7.6	38.1
個人的つきあい	4.6	16.9	35.6	15.2	9.3	27.2	34.1	14.0
その他	17.0	8.07	23.3	9.1	22.7	41.9	19.8	12.8
特別活動	−	14.6	−	−	−	14.6	−	−
人数	67 人	56 人	166 人	182 人	71 人	58 人	178 人	201 人

●表 104：日曜日の平均活動時間

出典：荒井前掲論文 296 頁

しかし、現在のように津々浦々に自動車が普及している状況では、遠方から窃盗団が来て、サッと空き巣に入り、あっという間に立ち去ることも可能である。農作物が白昼堂々と盗まれる事件も多発している。つまり、農村こそ警備の需要があると考えられるのだ。

とはいえ、「昼間の外出率が高くても、夜間は在宅しているはずだ」と思った読者もいるだろう。いわゆる「眠らない都市」に対して、「眠る農村」というイメージもある。そうなると、農村にホームセキュリティの需要はないように思える。

ところが、荒井は都市部よりも農村部の方が「眠らない」ことを明らかにしている。図104は「仕事以外の活動（月曜日・夫）」であり、仕事以外の外出活動が時刻ごとにどのくらい行われているか（行為者率）をグラフ化したものだ。

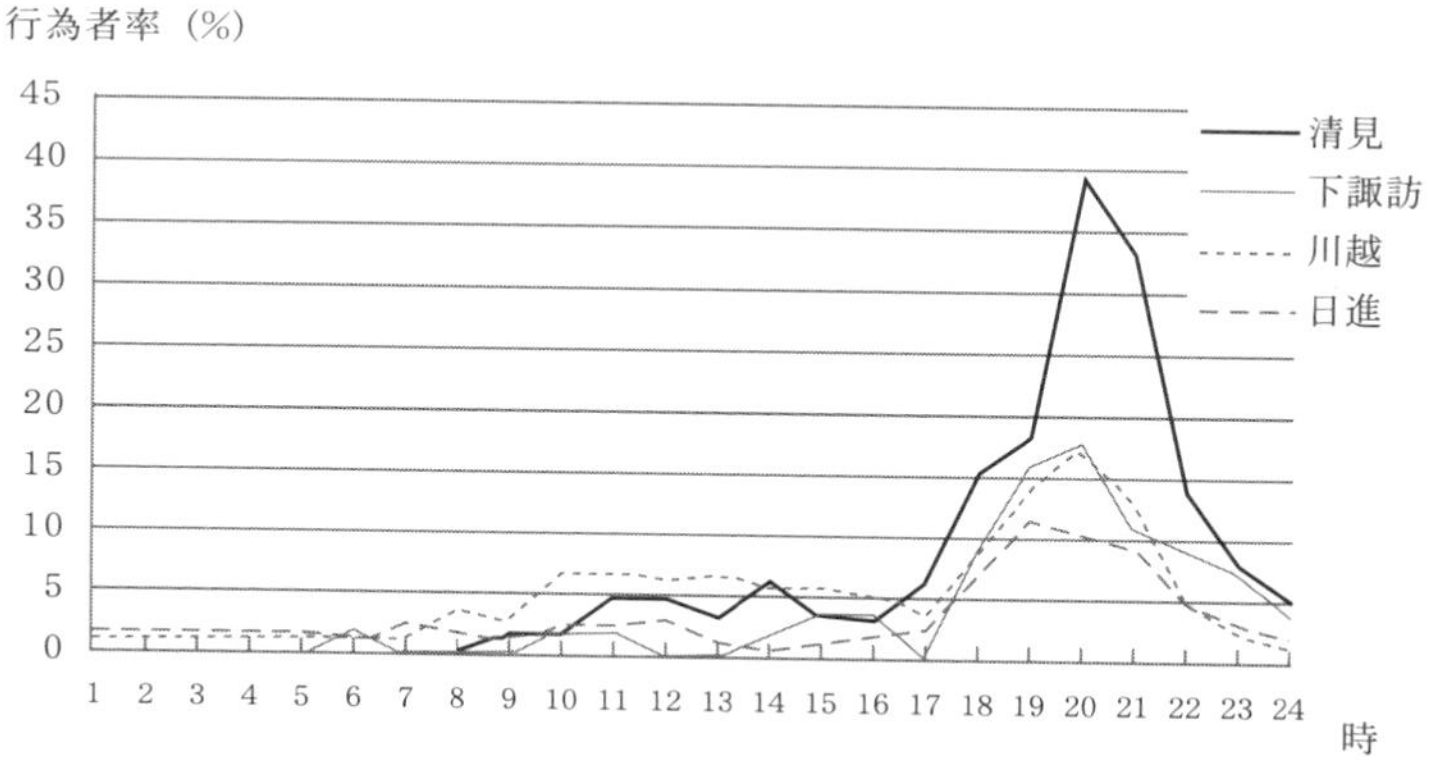

●図104：仕事以外の活動（月曜日・夫）

出典：荒井前掲論文311頁

どの地域も一八時から二一時にかけて行為者率が高くなるが、ここでも清見は他の地域を圧倒している。つまり、清見の男性は夜間の外出活動が非常に活発なのだ。女性の場合も、男性と同じく夜間の外出活動が活発である(紙幅の関係で図は割愛する)。

一方で、大都市郊外の住宅地は、一度帰宅すると翌朝まで在宅している割合が高い。もちろん、都市中心部の歓楽街は「不夜城」だが、住民の生活圏では「眠らない農村」と「眠る郊外住宅地」という対比になるのだ。

そう考えると、ホームセキュリティの主戦場とされてきた郊外住宅地よりも、農村の方に警備の需要があるのではないかと思えてならない。基地局や機動員の制約もあるだろうが、時間地理学に注目すると、農村こそ警備を必要としていると言えるのだ。

ただし、荒井の調査から四半世紀が経過しており、「限界集落」という言葉も知られるようになった。山奥にポツンとある一軒家を訪ねる番組に登場するのも、ほとんど後期高齢者だ。当然ながら、住民の外出率も変化しているだろう。

というわけで、今回の話題はあくまで参考程度で構わない。それでも、本当に警備を必要としている人にサービスが行き届く社会であってほしい。

第105回　日本人は時間にルーズ？……警備と時計

（二〇一九年三月五日　第二二五号掲載）

もし、「日本人は時間に厳しいか、それともルーズか」と訊かれたら、読者の皆様はどう答えるだろうか。もちろん「人による」という答えもあるだろうが、「時間に厳しい」のが日本人の国民性だと認識している人が多いのではないか。

例えば、鉄道は定時で運行され、宅配便も時間指定で物品を届けてくれる。これらは外国人に驚かれるサービスであり、「私の母国では無理、日本だからできる」などと言われることが多い。

ところが二〇一八年八月、日本在住のスペイン人による「日本人はスタート時間しか守らない」というツイートに多くの賛同が集まった。日本人（日本企業）は始業時間を厳守する一方で、終業時間を守らないからだ（ガジェット通信二〇一八年八月七日配信）。

本当に時間に厳しいのであれば、定時勤務を厳守するし、やむを得ず残業になれば残業代が厳密に支給される。日本人が時間にルーズだからこそ、「サービス残業」という不可解な労働が横行するというのだ。

そこで想定されるのは、「日本人は勤勉だから、サービス残業をいとわない」という反論である。言いかえれば、「日本人は仕事熱心なので、時間外に無償の労働をすることに抵抗がない」ということだ。

しかし、「時間に厳しい」と同じく、「勤勉」という日本人のイメージも疑う必要がある。なぜなら、明治初期に日本へ来た外国人の多くは、日本人を「時間にルーズで怠惰な国民」だと認識していたからである。

図105は一八八二年にイギリスの画家ワーグマンが描いた「仕事中の日本人」というスケッチだが、地面に腰を下ろし、煙草をふかしながら談笑している。このような様子で、当時の日本人は仕事をしていたようだ。

時間論に詳しい西本郁子は、当時の日本人には時間の概念がなく、仕事と休憩時間の区別がないために、怠惰に見えていたと説明している。つまり、「真面目／不真面目」という個人の性格ではなく、時間意識の有無によって「勤勉／怠惰」が決まるのだ（『時間意識の近

●図 105：仕事中の日本人
出典：西本前掲書 58 頁

代』法政大学出版局、二〇〇六年)。

前々回に説明した通り、日本では明治期に鉄道や工場を操業するために、不定時法から定時法になった。このときに時間の概念が輸入されたわけだが、旧来の農村生活では厳密な時間管理は要求されなかった。

一方で、定時法が導入される以前から、すでに厳密な時間管理を求められていた分野がある。それは、「警備」の分野である。まだ時計が普及していない一八七一年に、兵部省(陸軍省の前身)は、正確な時間を知らせる方法として「午砲」を提案した。

午砲とは、昼一二時を知らせる空砲のことだ。人々は午砲の音で時刻を知るわけだが、軍隊が主導した理由は主に二つある。一つ目は空砲を撃つために必要な設備と技術が軍隊にしかなかったから、二つ目は軍隊を指揮する上で正確な時間を把握する必要があったからである。

いざ戦闘が始まれば、多くの兵士を「一刻も早く」招集しなければならない。しかし、「一刻も早く」という意識は、時間の概念がなければ通用しない。これでは軍隊を指揮できないので、兵士に時間を意識させることが必須となる。

また、戦闘のない平時であっても、兵士を的確に配置したり、異常の有無を正確に記録するためには、時間管理を徹底しなければならない。「今何時?」「そうね、だいたいね～」という按配では、警備体制を組めないのである。

現在でも、保安系の職種では数字の言い方が独特だ。例えば、「二〇」は「にじゅう」ではなく、「ふたじゅう」または「ふたまる」と言う。これは数字を聴き間違えないための工夫だが、このような工夫によって事案の正確な発生時刻を記録できる。

だからこそ、警備には「時計」が必須アイテムとなる。西本の説明によれば、時計を表す英単語にはクロック(clock)とウォッチ(watch)があるが、ウォッチはもともと「見張り」を意味する言葉であった。

英和辞典でも、見張りの他に「見守る、観察する、警戒する」などの訳語が並んでいる。このように、ウォッチは警備活動を表す言葉として存在している。さらに興味深いのが、「見張り人」を表す「ウォッチマン」(watchman)である。

ここまでの話の流れでは、ウォッチマンは「兵士」を意味すると思われるだろうが、兵士には「ソルジャー」(soldier)という英単語がある。それでは、ウォッチマンは誰なのか。その答えは「警備員」である。

現在では警備員のことを「セキュリティ・ガード」(security guard)と訳すことも多いが、ウォッチマンは中世の夜警を表す言葉として登場している。夜警にも様々な立場があったが、基本的には民間人の夜回り部隊である。

つまり、民間の警備要員を表す言葉であるウォッチマンが、警備業へ引き継がれてきたのだ。

これらは無関係の単語ではなく、「時間―時計―ウォッチ―民間警備活動」という同一線上にある関連語である。

そう考えると、警備員が「時間厳守」を求められ、「即応時間」に追われるのは、警備活動に従事する者の宿命なのかもしれない。

そして、戦後のある時期から、多くの日本人が時間に追われるようになる。これが警備業の発展を考える上で重要な視点なのだが、続きは次回のお楽しみ。

第106回　「速さ」が移動時間を増やす？……時空間の秩序

（二〇一九年四月五日　第二二七号掲載）

前回は「日本人は時間にルーズ」だと言われた一方で、警備の分野では厳密な時間管理が求められたと説明した。ただし、明治維新から長らく「警備」を担ったのは軍と警察であり、民間人が時間に縛られるようになるのは一九六〇年代である。

日本初の警備業者が登場したのは一九六二年だが、この時期は高度経済成長期にあたる。**図106**のように、第一次産業の人口が急減する一方で、第二次・第三次産業の人口が増加していった。

本連載の第5回では、この変化が警備員の人材確保と警備用の機器類の供給を促し、警備業が成立したと説明した（単行本第一巻収録）。しかし、それだけでなく、民間人の時間意識も変化させたのだ。

第一次産業は、動植物や天候などの自然現象を相手にするため、時間を厳守する必要がない。田植えを急いでも収穫時期は早まらないし、台風も時間に関係なく襲来するので、厳密に時間を管理する意味がなかった。

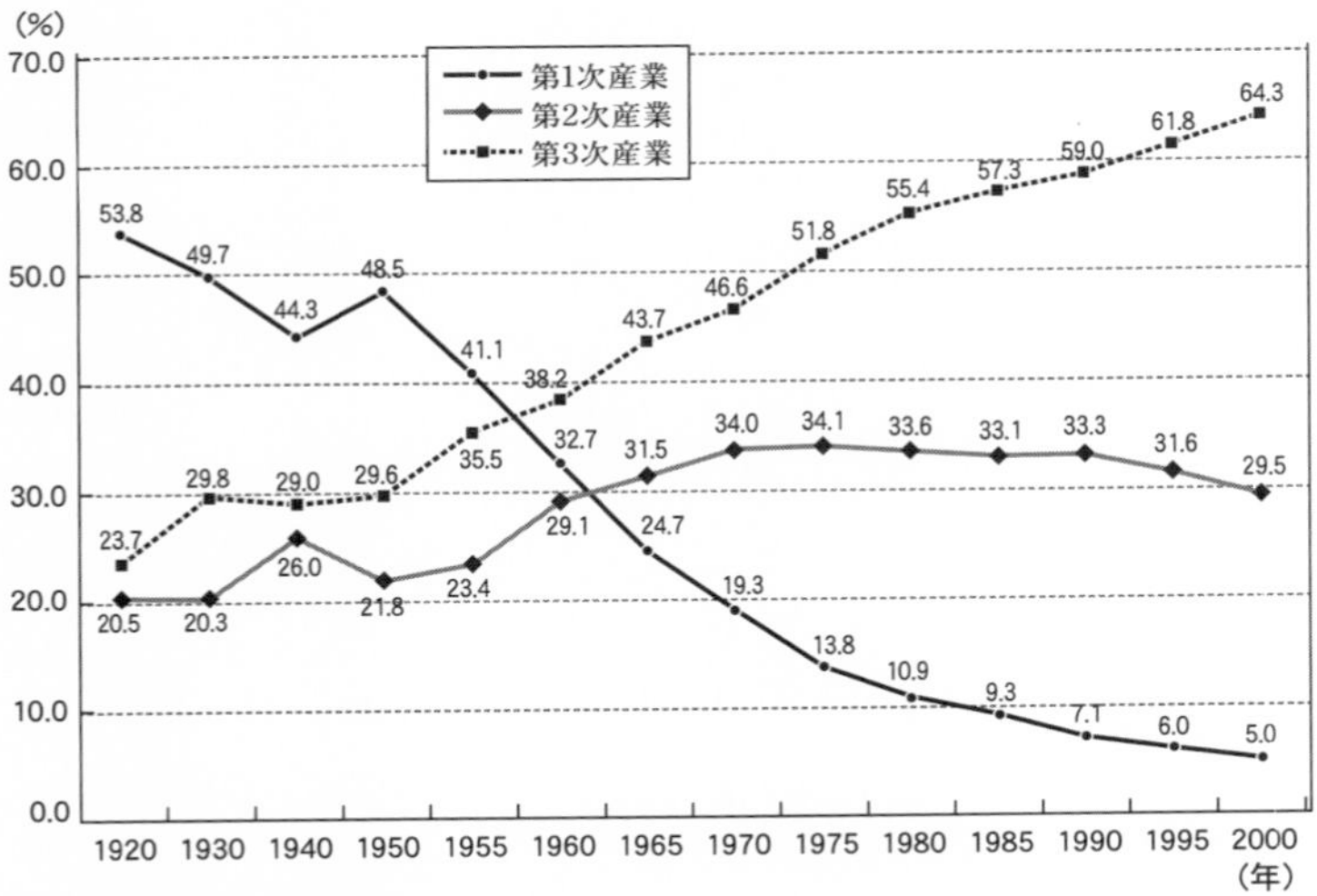

●図106：産業別就業人口の推移

出典：総務省統計局「国勢調査」（厚労省政策評価官室作成）

一方で、機械や人間を相手にする第二次・第三次産業では、工程や予定を組むために時間を厳守する必要がある。その上で、無駄な時間を減らして効率よく仕事をすれば、生産性が上がると考えられた。

言いかえれば、生産性を上げるために、無駄な時間を減らす必要が生じたのだ。そこで求められるようになったのが「はやさ」である。わかりやすい単語は「早速」であり、時間的な「早さ」と速度的な「速さ」が一体となっている。

その「速さ」が革新されたのが一九六〇年代であり、その象徴は高速道路と新幹線の登場である。これらの登場で、以前よりも短時間で遠方へ移動することが可能になった。例えば、以前は宿泊が必須だった「東京～大阪」の出張が日帰りになった。速さによって時間短縮が実現し、日本人の移動が活発化したことは間違いない。

ところが、西本郁子は「ここには奇妙な矛盾がある」と指摘する。短時間で移動できるようになると、長距離を移動するようになり、移動時間が以前より長くなるのだ（『時間意識の近代』法政大学出版局、二〇〇六年）。

東海道新幹線の登場によって、「東京～大阪」の所要時間は片道六時間三〇分から片道四時間へ短縮した。しかし、日帰りすると往復八時間を移動に費やすことになる。つまり、一日の移動時間が六時間三〇分（宿泊）から八時間（日帰り）へ延びたのだ。

速さによって時間短縮が実現し、人の移動が活発化すると、結果的に人は「駅」「空港」「車内（機内）」という空間で多くの時間を費やすようになる。そのため、旅客がいる空間の安全を確保する必要が生じた。

しかし、鉄道業者や航空業者は列車や航空機の運行業務が本業なので、なかなか手が回らない。そこで生起したのが、駅などの施設警備と空港保安警備の需要だ。すなわち、警備を外注したり、警備部門を分社化する動きがみられるようになったのである。こうして、「速さ→時間短縮→移動の活発化→警備業務の需要生起」と連鎖していく。鉄道系列や航空系列の警備業者が存在するのも、理にかなった成り行きだったと理解できる。

もう一つ重要なのは、自動車の普及である。自動車の場合は、線路や航路の制約がなく自由に動き回れるため、人々の生活空間に入りやすい。そこで生じるのは、時間的秩序のズレである。社会学者の長田攻一によれば、道を歩いて移動する時代には、歩行者と沿道住民はお互いに相手を観察し、道を尋ねる機会を通じて、同じ時空を共有することができた。しかし、自動車の普及によって、乗る人、歩行者、沿道住民の時空が分断された。それぞれの進度が違うため、自動車に乗る人が歩行者や沿道住民と交流する機会は大幅に減ったのだ（「現代社会の時間」見田宗介他編『時間と空間の社会学』岩波書店収録、一九九六年）。

道は歩行者や沿道住民にとって生活空間だが、自動車に乗る人には通過点でしかない。道が生活空間の一部であれば、歩行者と沿道住民が「暗黙の了解」や「村の掟」を共有することで、道の秩序を維持することができる。

一方で、道がただの通過点になり、生活空間から分断されると、「暗黙の了解」や「村の掟」が通用しないので、道の秩序を維持できない。そこで、道の秩序を維持するために一九六〇年に制定されたのが、道路交通法である。

すなわち、全国一律の交通ルールを定めて、そのルールを皆が共有すれば、道の秩序を維持することができるのだ。ところが、せっかく維持されていた道の秩序を一時的に狂わせてしまう営みがある。それが「工事」である。

例えば、道路工事で片側交互通行になると、本来の交通ルールとは違う動きをしなければならない。しかも、判断を誤れば事故につながる恐れがある。この難しい判断を運転手に委ねていたら、交通がマヒしてしまう。だからこそ、警備員の交通誘導によって、一時的に壊れてしまった道の秩序を回復しなければならないのだ。こうして、交通誘導警備の需要が生起したのである。

このように、時間、速度、空間という三つの視点を組み合わせることで、警備業務の需要が生起する背景を考察することができる。とはいえ、学術的な閑談なので実務に直結するかどうかは別問題だが。

第107回　バンクシーvs警備業……犯罪と芸術の境界

（二〇一九年五月一五日　第二二九号掲載）

二〇一九年一月一七日、小池百合子東京都知事によるツイッターへの投稿を巡り、賛否両論が巻き起こった。港区内の防潮扉にバンクシーの作品らしき絵があり、それを好意的にツイートしたものだった。

具体的には、小池都知事と絵のツーショット写真も添え、「カワイイねずみの絵」「東京への贈り物かも？」などと書いている。これに対し、「落書きは犯罪だ」「東京都は落書きを公認するのか」といった意見が噴出したのだ。なかなか難しい問題である。

一方で、筆者が率直に思ったのは、「警備員がバンクシーらしき作品を発見したら、どうなるんだろう」という疑問であった。

バンクシーとは、イギリスを中心として世界各地でゲリラ的に壁画などの作品を残す正体不明の芸術家である。本人は自作の壁画を違法な落書きだと認識しているようで、だから正体を隠しているという説もある。また、作品の見せ方も斬新である。

例えば、二〇〇五年には複数の美術館に自作を無断で展示し、しばらく気付かれなかったことで話題になった。記憶に新しいのは、二〇一八年一〇月にオークションで落札された直後の自作の絵を、額縁に内蔵されたシュレッダーで切り裂く演出で人々を驚かせた。

バンクシーの手法は、犯罪と無縁ではいられない。壁画（落書き）は建造物損壊罪（刑法第二六〇条）や器物損壊罪（同第二六一条）だけでなく、軽犯罪法や迷惑防止条例に違反する。また、美術館での無断展示は住居侵入罪（刑法第一三〇条）や威力業務妨害罪（同二三四条）の可能性がある。オークションの演出も、絵画の所有権が落札者にあると考えれば、器物損壊罪になるかもしれない。

しかし、バンクシー作品の芸術性が高く評価されていることも事実である。例えば、壁画を描かれたビルの所有者が、自らビルの壁を壊して壁画を抜き取り、オークションにかけたこともある。

このような例を踏まえ、社会学者の有田亘は「持ち主の許可を取っていない「落書き」は誰のもので、誰がそれを描いて良いとか悪いとか決められるのでしょうか」と問いかけている（有田亘・松井広志編著『いろいろあるコミュニケーションの社会学』北樹出版、二〇一八年、一一一－一一三頁）。

すなわち、バンクシーは犯罪と芸術の境界を的確に突いてくる芸術家なのだ。だからこそ、警備業としては対応が難しい。バンクシーの作品が発見されることは、朗報とみなされる一方で、警備業務の失敗を意味するからだ。

施設警備であれ機械警備であれ、警備対象施設の壁に絵を描かれるのは、監視に隙があったことの証明になる。美術館の無断展示も、「警備員が常に巡回していたのに、なぜ気付かなかったのか」と責められるだろう。

とはいえ、「私のビルに描いてほしい」と願っている警備契約者がいる可能性もある。もし、「落書きは許さないが、バンクシーだけは見逃せ」という無茶な要望があったら、警備員は対応に苦慮するだろう。つまり、バンクシーは警備業にとって「宿敵」なのだ。

そこで重要なのは、「なぜバンクシーの作品は価値があるのか」を考えることである。当然ながら、誰からも監視されず、見つかっても咎められない状況で絵を描くのは容易である。画力の優劣は別として、道具さえあれば誰でもできることだ。

よくあるのは、**図107**のような高架下の落書きである。あまり人目につかない場所に、さりげなく「作品」を残していくが、多くの場合は芸術性の低い落書きで終わってしまう。地域の防犯パトロールでも、割れ窓理論の「小さな無秩序」（治安悪化の象徴）とみなされて、「すぐに消せ」と言われるのが関の山だ。実際に、治安改善のための環境浄化作戦では、街路の落書きを消す作業が基本となっている。

また、事前に所有者の許可を得て絵を描く「リーガル・ウォール」であれば、堂々と壁画を描くことができる。しかし、それではバンクシーのゲリラ的な常套手段が発揮できずに、作品の価値が下がってしまうかもしれない。

　バンクシーの魅力が「監視の目をかいくぐる」ことにあるならば、厳重な警備体制が敷かれていることが条件となる。言いかえれば、厳重な警備体制を常に敷くことで、バンクシーの作品の価値が高まるのだ。世界中のファンから「よくぞ厳重な警備体制をかいくぐって作品を残した」と称賛されるだろう。

　警備業関係者にとっては皮肉な結果だが、警備業はバンクシー作品の価値を支えている「縁の下の力持ち」である。おそらく、警備業とバンクシーは今後も「いたちごっこ」を続ける関係になると考えられる。むしろ、両者が和解しようものなら、そこでバンクシーの活動は終焉を迎えるのだ。

　ただし、この皮肉な結果を悲観すべきではない。なぜなら、バンクシーが厳重な警備体制を突破し

●図 107：高架下の落書き
出典：「写真 AC」フリー素材

たことが報じられ、それが他の侵入常習者に「こんなに厳重な警備体制は俺には突破できない」と思わせれば、侵入をあきらめさせる可能性がある。

また、その報道を見た人から「バンクシーは凄いけど、貴社の警備体制も凄い」と思われたら、その人が新たな警備契約者になるかもしれない。バンクシーの偉業が注目されると同時に、警備業務の質が評価されるという筋書きである。

もちろん、筋書き通りの好都合は日常的に起こるものではない。それでも、警備業関係者としては「バンクシーをあきらめさせるほどの質の高い警備業務を実施すればよい」ということなので、レベルアップの起爆剤になる。

こうして、バンクシーと警備業が共存共栄していければ、御の字である。

第108回　警備員の「えっ？まだ一〇分!?」……時間感覚①

（二〇一九年五月二五日・六月五日合併号　第二三〇号掲載）

筆者は「警備員あるある」が大好きである。「白手にすす汚れが付いて〝黒手〟になる」、「誘導灯をビームサーベルに見立ててスターウォーズごっこする」、「立哨中に寝る」、「ガラ（搬出予定のがれき類）どこ？」と訊かれて煙草の吸い殻を出すなど、枚挙にいとまがない。

ところが、各業務の警備員が共通して「あるある」と思える話題は意外と少ない。多くの「警備員あるある」が業務別に存在しているため、「二号の警備員しかわからない」とか、「三号では起こらない」といった壁が存在するのも事実である。

その中で、おそらく、多くの警備員が共通して経験するのが、「なかなか時間が進まない」ではないか。もう二〇分くらい立哨していると思って時計を見て、一〇分しか経過していなかったときの「えっ？　まだ一〇分!?」という驚きと絶望感は、警備員を苦しめる。

もちろん、すべての現場で毎回そのように感じるわけではない。例えば、交通量の多い道路で片側交互通行をしていれば、忙しくて、あっという間に時間は過ぎる。一方で、交通量が少ない側道で通行止め看板の横に立っていると、暇すぎて時間が進まない。

時計は一定のリズムで時を刻んでいるはずなのに、このような時間感覚の違いが生じるのはなぜか。本連載では、これまで社会学的に「時間」を考察してきたが、この話題については心理学の研究に注目したい。

時間感覚の研究に詳しい心理学者の一川誠は、何もすることがない場合や、意識的に注意を向ける必要がない簡単な作業をしている場合は、時間の経過に意識が向けられやすくなると指摘する。

一方で、意識を集中する必要がある場合は、時間の経過にあまり注意が向けられなくなる。なぜなら、人間の注意の容量は有限であり、同時に多数の事柄に注意を向けることができないからだ(『時計の時間、心の時間』教育評論社、二〇〇九年、九四頁)。

これ自体は、誰もが日常的に経験していることなので、難しく考える必要はない。退屈な会議は一時間でも長く感じるが、遊びに興じているときの数時間は短く感じる。映画の感想でも、「あっという間の二時間だった」は「面白かったので集中して観た」と同義である。

また、会話の最中に複数のことを考えていると、相手の話に集中できなくなり、「うわの空」になる。自動車の運転中に携帯電話の使用が禁止されたのも、運転に集中できずに事故を起こす危険性が高いからだ。だからこそ、同時に複数人の話を聞き分けたとされる聖徳太子(厩戸皇子)は凄いのである。

さて、ここまでは単純な話なのだが、これで警備員の時間感覚を説明すると、厄介なことになる。なぜなら、「なかなか時間が進まない＝警備業務に集中していない」という解釈が可能だからだ。

先程の「交通量の多い道路での片交」の例では、次々と通行車両が押し寄せるので、暇にならない。加えて、誘導に失敗すれば、衝突事故などを引き起こす危険性が高いので、否応なく業務に集中する。

●図 108：暇な一日は長く感じる
出典：「イラスト AC」フリー素材を使用して筆者作成

一方で、「交通量の少ない側道での通行止め」の例は、何もせずに立哨している状況が続き、退屈になるため、業務以外のことに注意が向いてしまう。すなわち、「注意散漫」の状態である。その散漫になっている注意の一つが、「時間を気にする」なのだ。

ただし、ここで重要なのは、警備業務の実施中に注意散漫になることは、必ずしも不適切なことではないということだ。むしろ、ある程度は注意散漫にならないと、適切な警備業務が実施できない場合もあると考えられる。

もちろん、特定の警備対象を注視すべき現場で、警備員が注意散漫になっているのは問題である。しかし、不特定多数の人や物を見渡す必要がある現場で、特定の人や物に注意を向けると、それ以外の人や物に注意が向かなくなり、「見落とし」が増えるのだ。

例えば、立哨中に「よそ見」をしたところ、近隣の住宅の洗濯物が風で飛ばされる瞬間を目撃したとする。その洗濯物が警備対象施設に飛来した場合、警備員は洗濯物がいつ、どこから飛来したのかを知っているので、住民へ返却するなどの対処を適切に行うことができる。

この場合、警備員としては「注意散漫になった結果、たまたま目撃した」にすぎないが、「周囲の変化に隈なく気を配っている」という評価につながる。逆に、本来の監視業務に集中しすぎて洗濯物の飛来に気づかなかったら、「なぜ気づかないのか、ボーっとしていたのではないか」と指摘されかねない（チコちゃんに叱られてしまう）。

あくまで「結果オーライ」の例だが、時計をチラチラと見るくらいの退屈な状況であれば、無理して本来の業務に集中するよりも、多少は注意散漫になった方が周囲の変化や異常の兆候に気づきやすくなるのだ。

とはいえ、無関係のことに注意を向けすぎてしまうと、本来の業務が疎かになる。おそらく、「適度な注意散漫」で退屈をしのぎながら、ふと我に返って本業に戻るのが適度なのかもしれない。

いずれにせよ、「時間との闘い」であることに変わりないのだが。

第109回 「登下校時の警備強化」は妥当か？……川崎大量殺傷事件

（二〇一九年七月五日・一五日合併号　第二三二号掲載）

今回は「時間感覚」の続きを書く予定だったが、神奈川県川崎市で発生した大量殺傷事件を取り上げたい。なぜなら、この事件を受けて、文部科学省（以下、文科省）が登下校時の警備強化を検討しており、警備業界にも影響が及ぶ可能性があるからだ。

大々的に報じられた事件だが、念のため概要を確認しよう。二〇一九年五月二八日の午前七時四五分頃、スクールバスの乗車待ちをしていた小学生の集団に五一歳の男性が刃物で切りかかった。保護者の三〇代男性と女子児童の二名が死亡、ほか児童ら一八名が重軽傷を負った。

加害者の男性もその場で自らの首を刺して死亡したが、児童らの背後から無言のまま接近して犯行に及んだため、その場に居合わせた教頭やバス運転手らも気づくのが遅れたようだ。しかも、犯行開始から自殺までの所要時間はわずか数十秒間であり、制止する間もなく犯行は完遂されてしまった。

きわめて残虐な事件であり、再発しないことを願うばかりだが、筆者は再発防止策として警備を強化するという意見に反対である。その理由について、順を追って説明しよう。

まず、二〇〇一年の大阪教育大学付属池田小学校事件（以下、池田小事件）以降、文科省は学校安全管理マニュアルの常備を推進した。さらに、子どもの連れ去り事件が頻発した時期には、集団登下校とスクールバス導入を推奨してきた。

今回の被害に遭った学校は、文科省が推奨したモデルを見事に実行し、登下校時の安全管理に手厚く対応していた。むしろ、有名私立校ならではの安全管理であり、同じ水準を公立校に求めるのは現実的ではない。だからこそ、文科省は頭を抱えているのだ。

取り急ぎ、文科省は「バス停や通学路に警備員を配置する」などの対策を検討しているが、これは従来の学校安全管理マニュアルにない新しい具体案である。本連載の第26回（単行本第一巻収録）でも説明したが、**図109**の通り、既存のマニュアルには第3警戒線までしか記載されていない。すなわち、登下校時の第4警戒線（8頁**図82**参照）は、学校の安全管理の範疇ではないのだ。

そのため、登下校時の安全管理を担ってきたのは、主に地域住民のボランティアによる見守り活動と、警備業者による緊急通報サービスやエスコートサービスである（メール配信サービスもある）。

このように、従来は第3警戒線までを一号警備（施設警備）、第4警戒線を四号警備（身辺警備）で対応してきた。一方で、バス停や通学路に配置される警備員は、おそらく二号警備（雑踏警備）に該当するだろう。ここで警備業者側に二つの問題が生じる。

一つ目は、警備体制の複雑化である。バス停や通学路にも警備員を配置するとなれば、複数名の警備員が必要になる。しかし、二号の業務別教育だけを受けている警備員は、学校の敷地内の警備体制に組み込めない。

逆に、一号の業務別教育だけを受けている警備員は、バス停や通学路の警備体制に組み込めない。もちろん、一号と二号の業務別教育を受けていれば両方に対応できるが、その分だけ警備員教育の負担は重くなる。

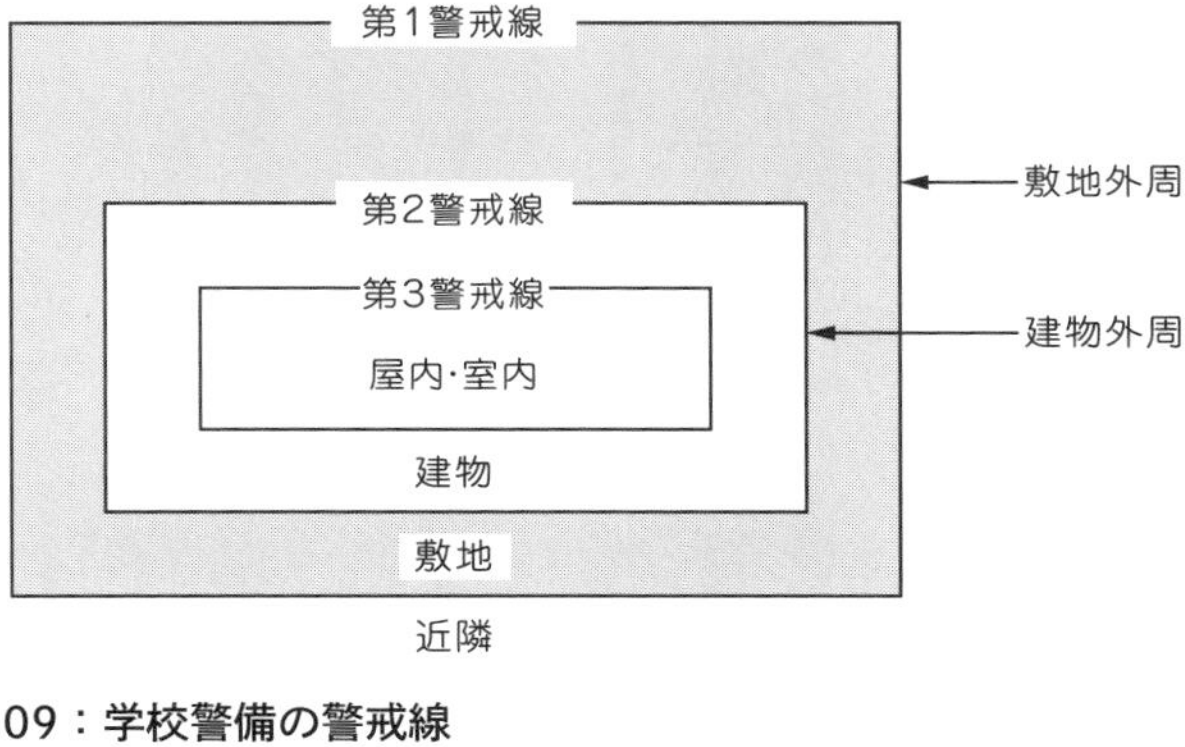

●図 109：学校警備の警戒線

出典：『学校施設の防犯対策に関する調査研究報告書』(http://www.mext.go.jp/a_menu/shisetu/shuppan/04091401/pdf/006.pdf) 34 頁

また、一号（学校敷地内）と二号（バス停や通学路）を別々の警備業者が担当すると、指揮命令系統も分割されてしまうので、一気通貫の警備体制が組めなくなる。さらに、二号の警備員は登下校時だけの対応になり、授業時間中の時間帯は役割がないため中途半端になる。

二つ目は、警備員の装備品不足である。バス停や通学路に警備員を配置したところで、今回のような刃物による襲撃に二号の装備で立ち向かうのは危険すぎる。とはいえ、二号の警備員に防刃ベストを着用させ、警戒棒を携行させるとなれば、多額の管理費が必要になる。

そもそも、防刃ベストや警戒棒が必要になる業務内容を二号とみなすべきか否かも議論の余地がある。また、子どもたちの「整列・誘導」を目的とすれば二号だが、「襲撃からの護身」が目的なら四号である。それら両方を含むとなれば、二号と四号の業務別教育が必要になる。

いずれにせよ、一号と二号の組み合わせだけでも複雑になってしまうが、これに四号も組み合わせた警備体制を要望されたら、もはや対応不可能に陥るのではないか。無用な混乱を招くことないよう、文科省には慎重な姿勢を求めたい。

最後にもう一つ、看過できない問題がある。それは、教職員の負担増である。おそらく、警備員の配置が実現したとしても、莫大な費用がかかるので、長続きしないと予想する。池田小事件の後も、経費節減のため一〇年足らずで警備員の配置を廃止する学校が相次いだ。

もし、「警備員に代わって教職員をバス停や通学路に配置する」という方針になれば、ただでさえ激務が問題視されている教職員に、さらなる負担を強いることになる。せっかく「働き方改革」のもと、勤務時間の短縮などが図られているのに、元の木阿弥である。

警備業務には様々な制約があるのは事実だが、かといって「教職員の自家警備で頑張ってください」と言われたら、教育現場はマヒしてしまう。安易な警備強化は、新たな悲劇を生みかねないのである。

第110回　警備室は狭い方がいい？……時間感覚②

（二〇一九年八月二五日　第二三四号掲載）


先日、ある人から「田中先生が一〇年前に出版した本を読みました」と言われて、ピンとこなかった。たしかに、二〇〇九年に『警備業の社会学』（明石書店）という専門書を出版しているのだが、「一〇年前」という感覚がなかったのだ。あっという間の一〇年だった。

おそらく、読者の皆様にも「一年があっという間に過ぎる」とか、久々に会った親戚の子に対して「この前まで小さかったのに、もう中学生⁉」と驚いた経験があるだろう。とにかく、大人になると時間の流れが早くなる。

そうであれば、警備員も歳を重ねるごとに、時間の流れを早く感じるようになるはずだ。にもかかわらず、退屈な現場に勤務していると、なかなか時計が進まず、一日が長く感じる。なぜ、このようなズレが生じるのだろうか。

前々回は心理学者の一川誠の説明に依拠して、退屈な時間が長く感じられるメカニズムと、警備員としての時間の過ごし方を考えた。しかし、一川の説明には続きがある。なんと、視覚や聴覚から得られる刺激の大きさによって、時間感覚が変わるというのだ。

一川によれば、知覚と時間感覚は交互に作用していて、知覚を通じて「広い、大きい」と判断されると時間が長く感じられる。一方で、「狭い、小さい」と判断されると、時間は短く感じられるのだ（『時計の時間、心の時間』教育評論社、二〇〇九年）。

まず、部屋などの大きさに関する知覚の研究では、同じ大きさの空間でも、子どもの方が大人よりも大きく判断することが知られている。母校の小学校を大人になって久々に訪れて、校庭や教室、机や椅子が小さく感じられるのは、そのためである。

このような感覚のズレが生じるのは、自分の身体の大きさに基づいて空間的な広がりを知覚しているからだ。子どもは身体が小さいので、教室の空間を広くて大きいと判断するが、大人になって身体が大きくなると、同じ教室でも狭くて小さいと判断する。

例えば、教室の前方から後方まで、大人であれば一〇歩で行けるとしよう。この教室を大人の半分の歩幅しかない子どもが、前方から後方まで行くためには二〇歩を要する。そうなると、同じ教室であっても、子どもには大人の倍の大きさに感じる。

その結果、同じ空間で同じ時間を過ごしたとしても、子どもにとっては時間が長く感じられ、大人にとっては時間が短く感じられる。「一年があっという間に過ぎる」と感じるのは、それだけ身体が立派に成長したことの証である。

さて、ここで肝心なのは、大人になっても知覚を通じて「広い、大きい」と判断されると、時間が長く感じられることだ。子どもと大人の比較では「身体の大きさ」に注目したが、大人の場合は「部屋の大きさ」に注目しよう。

例えば、前方から後方まで五歩で行ける大きさの警備室があるとしよう。それが、施設側の厚意で、倍の大きさの部屋に警備室を移してもらったとする。傍から見れば羨ましい話だが、新しい警備室は前方から後方まで行くのに一〇歩を要する。

そうなると、この警備室に勤務する警備員は、以前よりも一日の勤務時間が長く感じられるようになる。もちろん、警備室が大きくなったとしても、適度に忙しい現場や、同僚と会話ができる環境であれば、退屈にならないので時間は早く過ぎる。

しかし、立派なローカルシステムのおかげで巡回などに出る頻度が低く、同僚もおらずに一人で過ごす状態になる現場だと大変である。警備室が大きくなった分だけ、以前よりも時間が長く感じられるからだ。

もし、この現場の当務を隔日で担当し、プライベートが充実していたら、警備員のモチベーション維持にも問題が生じる。勤務時間は二四時間よりも長く感じられる一方で、プライベートの時間は「あっという間」に過ぎてしまうからである。

ただし、だからといって、「警備員が退屈しないように、新しい作業をどんどんやらせよう」とすると、かえって一日が長く感じられる。刺激をどのように知覚するかによって、時間の感じ方が違うのである。

一川は、同じ刺激であっても、バラバラな出来事

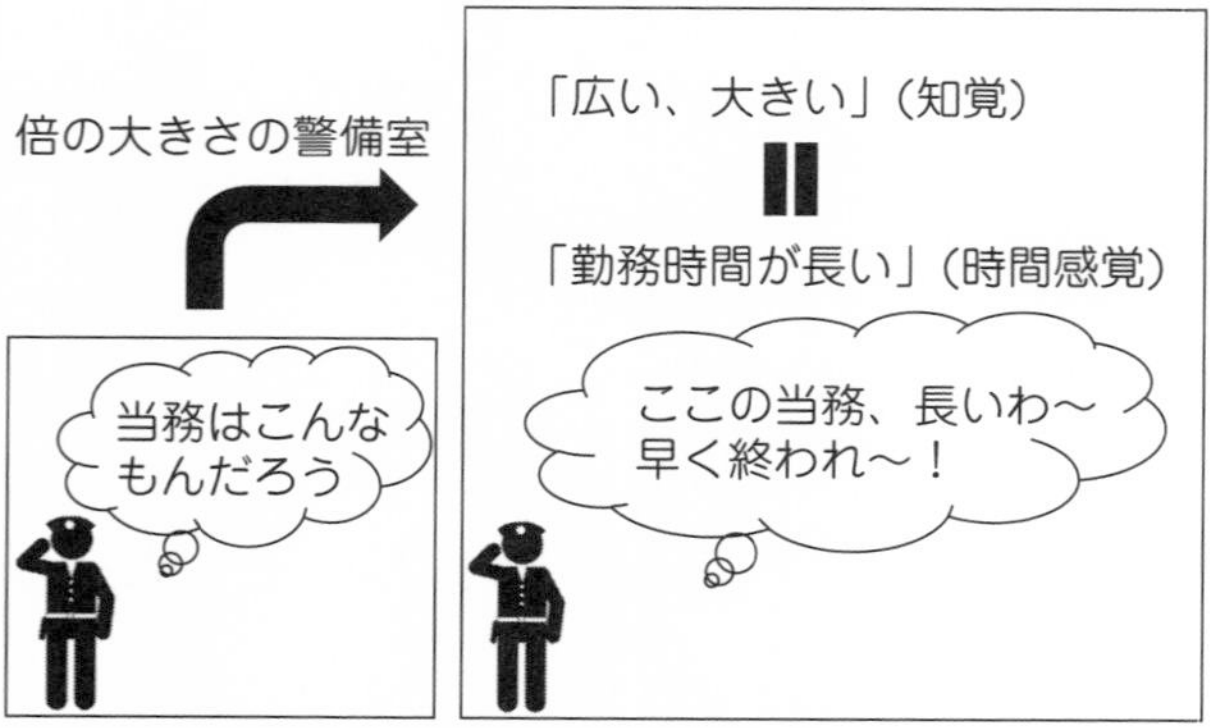

倍の大きさの警備室
当務はこんなもんだろう
「広い、大きい」(知覚)
=
「勤務時間が長い」(時間感覚)
ここの当務、長いわ〜
早く終われ〜！

●図 110：警備室の大きさと時間感覚
出典：筆者作成

として知覚した場合と、ひとまとまりの出来事として知覚した場合では、後者の方が時間を短く感じると述べている。そのため、行程がわかっている作業（ルーティンワーク）は「ひとまとまりの出来事」として知覚され、時間を短く感じる。

ところが、行程がわからない作業（新奇な作業）は、バラバラな出来事として知覚されるので、時間が長く感じられる。すなわち、「あれも、これも」と新しい作業を警備員に押し付けると、警備員の負担感は一気に増してしまうのだ。

望ましいのは、警備計画の範囲内で、警備員が自発的に創意工夫して、「ひとまとまりの出来事」として業務を遂行することである。そのためには、警備員が業務の方法や警備計画の内容を熟知して、勤務時間内の作業をコントロールしなければならない。

ありきたりな結論だが、各種の作業を適切にコントロールできる有能な警備員を育成することが、警備業者の使命なのだ。

第111回　警備業務を楽しむ条件……フロー状態

（二〇一九年九月二五日・一〇月五日合併号　第二三六号掲載）

前回は「知覚」によって警備員の時間感覚が変化することを説明した。警備員が「広い」と知覚する空間に身を置き続けたり、「まとまりがない」と知覚する作業を続けると、一日が長く感じられるということだった。

一方で、人間の時間感覚は物理的な条件だけでなく、自身の能力によって変化することも重要な視点である。ここでは、身近な経験から考えてみよう。読者の皆様は、ゲームやクイズに没頭していて、気づいたら何時間も過ぎていたという経験はあるだろうか。

そのような経験が「ある」とすれば、それはゲームやクイズの難易度と自身の能力が適合していたことを意味する。逆に、ゲームやクイズが易しすぎたり、難しすぎたりすると、没頭できないので時間が長く感じられる。

当然ながら、没頭しているときに人間は楽しみを感じるが、易しすぎれば退屈を感じ、難しすぎれば不安を感じる。これらの「楽しみ」「退屈」「不安」を左右するのは個人の能力差なので、人それぞれ感じ方が違う。しかも、能力には知識だけでなく、技術も含まれる。

例えば、スキー初心者はゲレンデの初級コースで充分に楽しめるが、中級者にとっては平坦すぎて退屈になり飽きてしまう。かといって、中級者が山頂の上級コースに行くと、傾斜や角度が急すぎて不安になる。おそらく、一時間で滑り終えたとしても、二時間くらい滑り続けた感覚になるだろう。

このような感覚のズレを理論化したのが、心理学者のチクセントミハイである。チクセントミハイは行為の難易度と行為者の能力が適合し、時間を忘れて作業に没頭する感覚を「フロー」と名づけた（今村浩明訳『フロー体験─喜びの現象学』世界思想社、一九九六年）。

そして、フローの状態になる条件を図111のように示した。横軸の能力と縦軸の挑戦（行為の難易度）がちょうどよいバランスにあるとき、人はフロー状態（フローチャンネル）になり、楽しさを感じる。フロー状態は娯楽だけでなく、業務でもみられる。

「A1」は能力の低い者が難易度の低い業務に従事している場合であり、能力に適合した業務なのでフロー状態になる。しかし、能力が高いのに難易度が低い業務に従事すると「A2」に位置づけられ、退屈を感じてしまう。

一方で、「A3」は能力が低いのに難易度の高い業務に従事させられ、不安を感じている状態である。「A3」が不安を感じずに業務を実施するためには、「A2」と同水準の能力が必要になる。そのため、「Ａ２」の者が「Ａ３」の業務に従事すれば、「Ａ４」のフロー状態になる。

　ようするに、「能力に合った業務に従事すれば、仕事が楽しくなり時間が早く過ぎる」ということだ。おそらく、「あたりまえ」のことであり、わざわざ小難しく説明しなくても理解できると思われるだろうが、これは管制室業務の重要性を裏づける理論だと言える。

　例えば、難易度の高い片交を行う交通誘導の現場であれば、必要となるのは「Ａ４」の警備員である。この現場に「Ａ１」の警備員を配置したら、その警備員は「Ａ３」の状態になり、強い不安を感じながら「長い一日」を過ごすことになる。

　当然ながら、無理して難易度の高い片交に従事すれば、失敗して事故を起こす可能性がある。もし、無事故で乗り切ったとしても、不安に耐え切

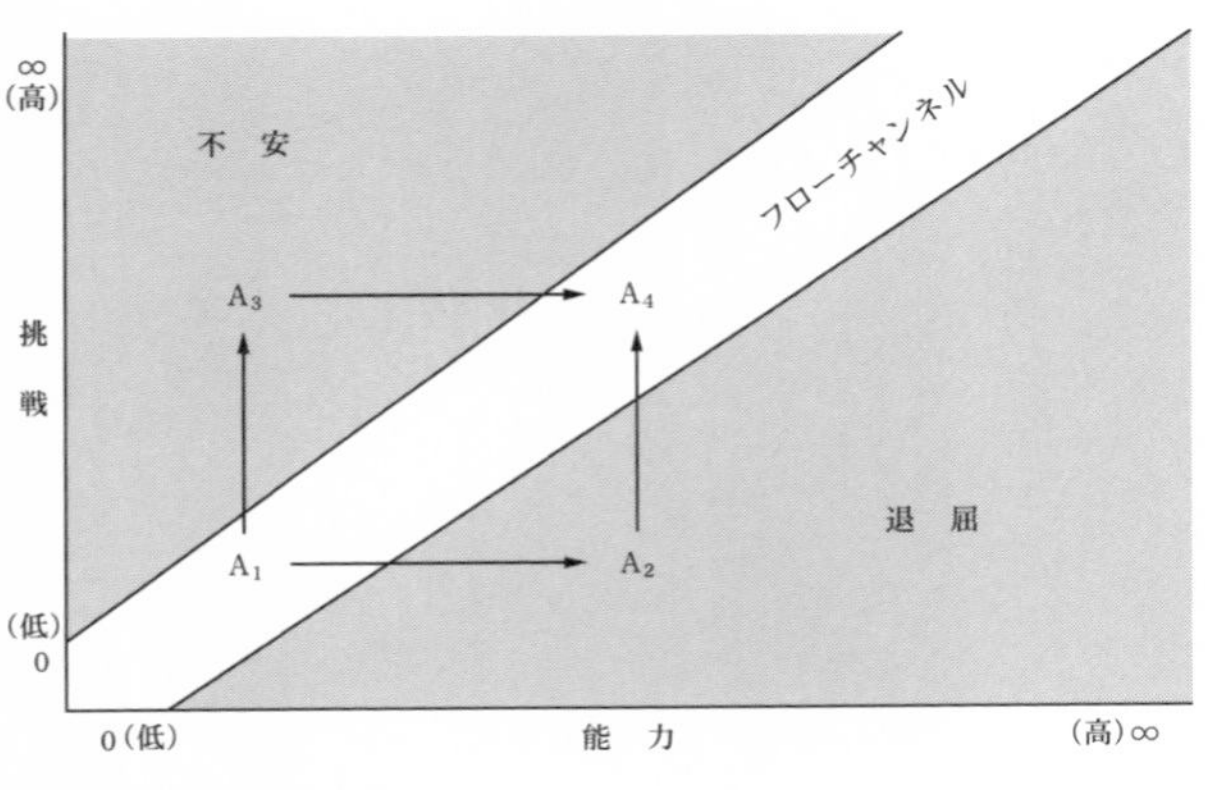

●図 111：フローの条件

出典：チクセントミハイ前掲書 95 頁

れずに辞めてしまうかもしれない。つまり、管制室が警備員を不適切に配置したために、警備員の能力を高める機会が失われるのだ。

また、「Ａ４」の警備員を「Ａ１」に配置したら、その警備員は「Ａ２」の状態になり、退屈を感じるので「長い一日」を強いられる。この状態が長期間に及ぶと、警備員が役不足にうんざりして辞めてしまうかもしれない。そうなれば、有能な警備員を失ってしまう。

管制室業務に求められているのは、自社に在職するすべての警備員の能力と、請負っているすべての現場の難易度を把握し、最適な配置を実現することである。この最適化が実現してこそ、警備員は業務を楽しむことができ、やりがいを見出せるのだ。

もちろん、日々の管制室業務で完璧に「Ａ１」と「Ａ４」を配置することは難しいので、たまに「Ａ４の警備員がＡ１の現場を担当する」のはやむを得ない。ベテランの警備員であれば事情を察知して、「了解」と言ってくれるだろう。

しかし、その逆の「Ａ１の警備員がＡ４の現場を担当する」のは危険であり、回避すべき事態である。いくら機転が利く隊長であっても、能力不足の警備員ばかりで現場を統括するのは限界がある。このことで隊長から苦言を呈されても、反論の余地はない。

誤解のないように付言するが、今回の話題で伝えたいのは、管制室業務の「ダメ出し」をすることではない。管制室業務がいかに重要なのかを、経営者に再認識してほしいということだ。

警備員が満足して業務に従事するために必要なのは、給与などの待遇改善だけではない。管制室の体制を充実させ、管制員が余裕をもって業務に努められる環境を整えることも、警備業者として必須の取り組みなのだ。

第112回　なぜ誘導灯は赤なのか……トーナス変化

（二〇一九年一〇月二五日　第二三八号掲載）

自主防犯活動用のパトロールカーに青色回転灯の装備が認められたのは二〇〇四年のことだ。あれから一五年、すっかり見慣れた「青パト」だが、登場した当時は違和感を覚えた。回転灯といえば「赤」（緊急車両）か「黄」（工事車両）という固定観念があったからだ。

車両の用途によって回転灯を色分けするのは良策である。特に、白黒のツートンカラーの車両だと、遠目には警察車両なのか民間車両なのか見分けがつかない。官民協働の取り組みが「官民混同」にならないよう、区別が必要なのだ。

そうなると、一つの疑問が沸く。回転灯は厳密に色分けされるのに、なぜ交通誘導で使用する誘導灯（誘導棒）は色分けされないのだろうか。保安用品店には青や黄などの誘導灯もあるのに、警察官と同じ「赤」を警備員も使用している。

これには、二つの可能性が考えられる。一つは、黄は工事車両の回転灯と同化するからダメ、青は視認性が低いからダメ、などと検討した結果、消去法で赤が残ったというものだ。しかし、これでは赤にこだわる理由が説明できない。

もう一つは、運転手を混乱させないよう、信号機の「とまれ」と統一するために赤を使用するというものだ（手旗も同じ）。しかし、警備員の誘導には強制力がないから、信号機や警察官の手信号と同じ扱いにすると法的な疑問が残る。また、幅寄せや進行の合図でも同じ誘導灯を使うから、必ずしも「とまれ」ではない。むしろ、「赤以外にすべき」という意見もあり得る。やはり、「なぜ赤がふさわしいのか」を究明しないと答えは出ない。

それならば、色彩心理の観点から、赤の特性を考えてみよう。はじめに注目したいのは、一九一〇年にシュタインが提唱した「トーナス変化」である。トーナス変化とは、人体にさまざまな波長の光を当てると、筋肉が緊張したり、弛緩したりすることである。

ここで重要なのは、トーナス変化の測定値が光の色によって異なるということだ。色彩心理に詳しい山脇恵子の説明によると、測定値が高いほど筋肉が緊張し、興奮状態になるのだが、**表112**

色	測定値
青	24
緑	28
黄	30
オレンジ(橙)	35
赤	42

※平常時の数値は 23

●表 112：トーナス値
出典：山脇前掲書 53 頁

のように赤が最も高い。しかも、視力の有無にかかわらず、光が当たると筋肉反応が起こるという（『よくわかる色彩心理』ナツメ社、二〇〇五年）。

ということは、現場周辺を通行する歩行者や運転手に対して、最も緊張感を与えられる色が赤ということになる。「とまれ」や「進んでよい」といった指示だけでなく、「気をつけて通行せよ」という注意喚起も含めて、誘導灯の色は赤がふさわしいのだ。

ただし、これだけでは説明として不充分である。なぜなら、「どうして赤が最も反応しやすいのか」という疑問が残るからだ。これについても、山脇は同書で次のように説明している。

まず、赤は人間が生きる上で重要なものと多く結びついている。具体的には、血液、太陽、炎などが挙げられる。そのため、赤に素早く反応すること（すぐ逃げる、近づくなど）は、命を守ることに直結する。

例えば、野生動物が狩りの途中で獲物の血痕を見つけたら、食材を入手するチャンスなので、素早く追いつくために身体が興奮状態になる。一方で、仲間が流血したら他の天敵の肉食獣に襲われる危険性があるため、すぐに逃げる態勢になる。つまり、赤は生死を分ける色なのだ。

だからこそ、人間の色覚を司る視細胞の中で、赤に反応する細胞数が最も多い。どうやら、ヒトという動物として生きるために必要な遺伝子として、赤に反応する仕組みが備わっているらしい。

その証拠に、赤のイメージは民族や時代の差がないという。赤は古代からパワーや太陽の象徴とされ、神話や宗教でも重用されてきた。神社の鳥居やマリアの衣（チュニック）などの聖の象徴に、赤が用いられている。

日本でも赤が古くから用いられてきたことは、日本語の色名でわかる。そして、色名に注目すると、信号機の「緑」が「あお」（青信号）と言われる理由も説明できる。

日本語の歴史に詳しい小松英雄によれば、日本語の色名は赤、黒、青、白の四色が基本であり、緑は青に含まれる。そのため、信号機は緑であるにもかかわらず、「青信号」と言われるのだ（『日本語の歴史』笠間書院、二〇〇一年）。

ためしに、色名の後に「い」を付けて発音してみよう。すると、「赤い、黒い、青い、白い」は違和感がないが、「緑い」や「黄い」だと違和感がある。緑や黄は、もともと日本語では色名ではないので、「色」という語句を足して「緑色」や「黄色」と言わないと馴染まないのだ。

信号機には「緑、黄、赤」の三色が使われているが、基本色は赤だけである。赤に含まれる日本語として「紅」「朱」「茜」もあるが、いずれも美しさを意味する「妖艶」と関連が深い。「色」は男女の性行為を形象した文字だという説もある。そのため、性的な意味も込め、見る者を興奮させる語句として、和歌などで詠まれている。

このように、赤は人間の生理や心理に強い影響を与える色であり、それだけ強い印象を与える色なのだ。そして、注目すべき点は、どの民族に対しても強い印象を与えるということである。

ここ数年で「インバウンド」という言葉も定着したが、来日する外国人にもわかるように案内や合図をするという意味でも、色のイメージが共通しているほうがよい。警備員が思う以上に、赤い誘導灯にはパワーがあるかもしれない。

第113回　安全の秘訣は「点滅」にあり……視認性の感覚量

（二〇一九年一一月二五日　第二四〇号掲載）

前回は、「トーナス値」に着目して、赤い誘導灯（誘導棒）が交通誘導の定番になっていることを説明した。多種多様な色彩の中で、赤は文化を問わずに最も緊張感や警戒心を与える色だから、という結論だった。

だが、誘導灯の謎はもう一つある。それは、「なぜ点滅形が定番なのか」という疑問だ。警察官は事故現場やイベント会場などで非点滅形（常時点灯形）の誘導灯を使うことがある一方で、警備員はもっぱら点滅形を使っている。

おそらく、「点滅形の方が目立つので、運転手や歩行者の注意を引きやすいから」だと考える読者が多いだろう。結論を先取りすれば、その通りである。ただし、「なぜ点滅が有効なのか、科学的に説明せよ」と言われたら、困ってしまうのではないか。

そこで今回は、白岩史らの研究チームによる視認性評価実験を紹介したい（白岩史他「LED警光灯の視認性向上のための感性指標に基づく点滅パターン解析」『精密工学会誌』七九巻一一号収録、二〇一三年）。

研究の背景として、白岩らは走行中の緊急車両と一般車両の衝突事故が増えたことを挙げる。交通量が増えたことで、一般車両の運転手が緊急車両の存在を視認しづらくなり、衝突している可能性を指摘している。

そのため、近年は緊急車両の警光灯を回転灯から点滅形LEDへ置き換える動きが進んでいる。回転灯の光よりも、点滅形LEDの光の方が、周囲の運転手の注意を引きやすい。しかし、LEDの点滅パターンと視認性の関係を検証した研究が少ないので、実験を行ったというのだ。

実験の参加者は二〇代の男女八三名で、視力は両眼〇・七以上である。**図113**の通り、参加者を一名ずつ消灯した部屋の椅子に座らせ、市街地の映像を投影して、運転中の状況を再現している。その上で、手前に設置したLEDの点滅パターンを視認する実験である。

当然ながら、LEDは「点滅」しているので、参加者は「点灯状態」と「滅灯状態」を交互に見ている状態になる。いわゆる「チカチカ光るライト」が視界に入り、「なんか気になるなぁ」という感覚だ。

ここで重要なのは、点灯状態と滅灯状態のどちらが「気になる」のか、ということだ。直感的には、「生物は光に反応するから、人間もライトが点灯した時に注意を引かれている(気になる)はずだ」と考えるのが筋である。

ところが、白岩らの分析によれば、点灯状態では有意な主効果が示されなかった。言いかえれば、人間は点灯状態のライトには、それほど注意を引か

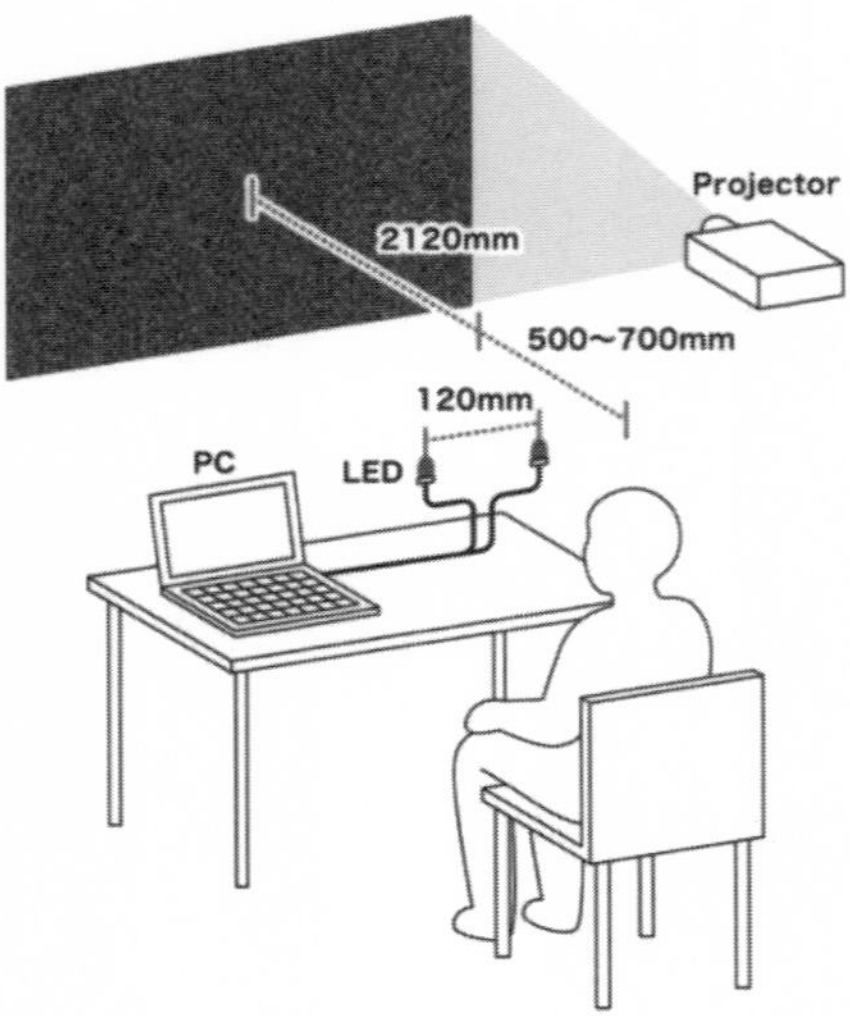

●図 113：運転中を想定した実験環境
出典：白岩他前掲論文 1161 頁

れないのだ。つまり、光を発し続けるだけでは、視認性は向上しないのである。

そこで、点灯と滅灯を組み合わせると、滅灯状態の時に視認性がピークに達していることがわかった。点滅しているライトが「気になる」という感覚は、滅灯状態の時に引き起こされているのである。これは従来の研究では明らかにされていなかったことで、白岩らの発見であった。

この研究成果を踏まえれば、交通誘導で非点滅形（常時点灯形）の誘導灯を使うと、視認性の感覚量が少なく、事故が発生しやすくなると考えられる。言いかえれば、点滅形の誘導灯を使うことで、視認性の感覚量が増え、事故を未然に防ぐことができる。安全の秘訣は「点滅」にあるのだ。

交通誘導に点滅形の誘導灯がいつ頃から使われ、どのように普及していったのか、現段階では筆者は把握できていない。もし、「点滅形の誘導灯を最初に導入したのは私（または弊社）です」という読者がいたら、ご一報いただきたい。

さて、ここで原稿を締めればスッキリするが、あえて、白岩らが述べている「今後の課題」も紹介したい。今回の実験は二〇代の参加者を対象にしているが、白岩らは「加齢による視覚特性の変化の影響を検証する必要がある」と提起している。

なぜなら、若年齢層と老年齢層では、視認性が違う可能性があるからだ。白岩らは、点滅形の警光灯は工場などでも使用されているが、生産現場の高齢化が進んでいるため、今回の研究成果が安全性向上に本当に役立つのか、疑問を抱いているのだ。

白岩らの指摘を、警備業界は二つの意味で重く受け止める必要がある。一つ目は、老齢の運転手による暴走事故である。もちろん、「アクセルとブレーキを踏み間違えた」という事故を交通誘導で防ぐのは難しく、警備員が死傷してしまうので、その場合は退避するのが得策である。

一方で、「交通規制(工事現場)に気づかなかった」や「警備員の姿が見えなかった」といった場合の事故は、運転手の視認性の問題である。もし、加齢のために視認性が低下し、それを誘導灯や看板などでも補いきれないのであれば、新たな対策が必要になる。

二つ目は、老齢の警備員が年々増加していることだ。個人差はあるだろうが、加齢によって周囲を視認しづらくなっている警備員がいるかもしれない。交通誘導だけでなく、施設警備などでも、警備員が穴や階段に気づかず転落したり、異常を視認できずに被災する可能性がある。

若年齢層の社員が万全だと思って練り上げた警備計画が、老年齢層の警備員にとって万全であるとは限らないのである。

※老年齢層の警備員が増えている社会的背景や勤務実態については、朝日新聞特別取材班『老後レス社会』(祥伝社新書、二〇二一年)の第一章をご参照ください。

第114回　誘導灯九割、警笛一割……有効視野

（二〇二〇年一月一日　第二四二号掲載）

前回は、「視認性」に着目して、誘導灯（誘導棒）の「点滅」が安全の秘訣になっていると説明した。その上で、老年齢層の運転手と警備員は、加齢によって周囲を視認しづらくなり、事故に至る可能性があることにも言及した。

今回も視認性の問題を深掘りするが、「警笛を併用すればよいのではないか」と思った読者もいるだろう。たしかに、警笛は交通誘導の必需品として、すべての警備員が携帯している。合図の動作に音を組み合わせれば、運転手の注意を引きやすいことは間違いない。

特に、居眠り運転や「考え事をしていた」などの注意散漫な運転手に対しては、音で警告すれば気づいてくれる可能性もある。その意味では、警笛は有効である。

ただし、警笛を使える時間と場所は限られている。都心の幹線道路でも夜勤では使用を控えるし、閑静な住宅街であれば日勤でも使用禁止となる現場が多い。それらの場合、近隣からの「うるさい」という苦情を回避するのが第一の目的である。

また、至近距離の車両を止めたり、大型車両をバック誘導するときは警笛を使う意味があるが、一〇〇メートル以上離れた車両に警笛を吹いても、音が届かない可能性も高いので、あまり意味がない。

実際に、自動車の運転では聴覚よりも視覚の情報が求められる。そのため、聴覚障がい者の運転免許の取得制限も段階的に緩和されてきた。まず、二〇〇八年の道交法改正で、補聴器を使っても合格基準に満たない者（補聴器を用いても一〇メートルの距離で、九〇デシベルの警音器の音が聞こえない）も、「ワイドミラーの設置」と「聴覚障害者標識を表示」すれば、普通乗用車に限り免許を取得できるようになった。

続いて、二〇一二年には特定後写鏡の装着と標識表示を条件に、普通自動車運転免許の取得が可能となった。さらに、大型自動二輪などの聴力試験の合格基準が廃止された。その後、準中型自動車についても、聴覚障がい者が運転免許を取得できるようになっている。

それだけに、自動車事故を防止するための研究でも、視覚に特化したものが増えている。ここで紹介したいのは、医学者の三村將と藤田佳男の研究である（「安全運転と認知機能」『日本老年医学会雑誌』五五巻二号収録、二〇一八年）。

三村と藤田は、自動車の運転に必要な情報は視覚が九割と言われ、運転行動は視野に入った特定の対象を「狭く深く」見ることと、視野全体の複数対象に向けて「広く浅く」見ることを、連続的かつ適切にその配分量を変える能力が要求される作業だと指摘する。
運転操作は高度な作業なので、習熟していない初心者は、周囲に振り向ける注意のリソースに余裕がない。その結果、一ヶ所を注視してしまい、周囲の状況に気づかないことがあるのだという。

眼や脳の障がいによって視野が狭くなる（視野狭窄）こともあるが、この場合は「視野に入っているのに見えない」ということだ。人間の視野は、**図114**の通り「周辺視野」と「有効視野」があり、視点の中心は「中心視」と言われる。

状況によって変わるのは、有効視野である。有効視野は、特定の対象を注視しなければ広くなり、注視すると狭くなる。これは人間の視野の特性なので、自動車運転や交通誘導警備に限られたことではない。

例えば、保安警備であれば、店内の様子や多くの来店客を見渡しているときは有効視野が広い。そのため、商品の陳列状況や、床に落ちている些細なゴミまで見える。これが「広く、浅く」見ている状態である。

一方で、万引きが疑われる来店客（特定の対象）がいて、その動き

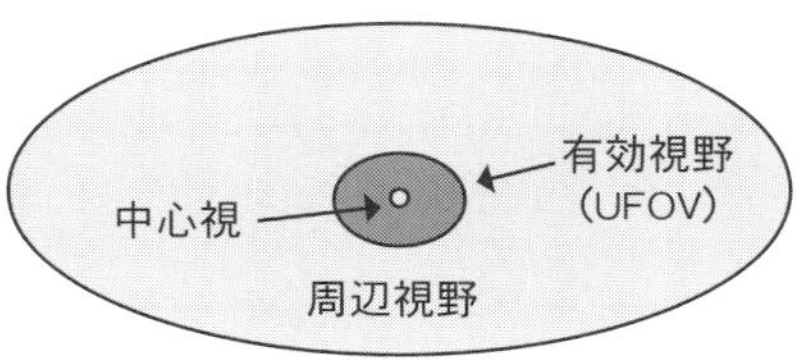

●図 114：有効視野
(UFOV=Useful Field of View)
出典：三村・藤田前掲論文 193 頁

を注視（現認）すると有効視野が狭くなる。このとき、商品棚や床のゴミ、さらに他の来店客の存在も周辺視野に入っているが、特定の対象の現認に集中しているために「見えなくなる」のだ。

自動車事故の防止に関する多くの研究でも、運転技術と有効視野の関連が深いことが実証されている。しかも、個人差はあるが、有効視野は加齢によって狭くなる。すなわち、若年齢層には見えるものが、老年齢層には見えない可能性もあるのだ。

若年齢層の運転手であれば、信号機、歩行者、対向車の動きに加え、工事の規制帯と警備員の姿を有効視野に収めることができる。しかし、老年齢層の運転手だと、信号機、歩行者、対向車の動きを有効視野に収めるのが精一杯かもしれない。

そうなると、工事の規制帯と警備員の姿に気づかないまま衝突したり、気づいたとしてもハンドル操作が間に合わずに接触する可能性も高まる。同時に、警備員が事故に巻き込まれ、死傷するリスクも高まると言える。

交通誘導では「運転手の死角に入らない」が鉄則だが、死角に入らない位置に立っているにもかかわらず、運転手が警備員を視認できない場合があることを心得ておきたい。ならば、警備員が身の安全を確保する方策はあるのか。

これも鉄則だが、やはり「身をかわせるように、立ち位置の周囲に逃げ場となる空間を確保しておくこと」と「大きな動作で合図すること」だろう。あと、誘導灯の光が弱くならないよう、予備電池の携帯も忘れずに。

第115回　二輪車は「自己中」なのか？……眼球運動

（二〇二〇年二月五日　第二四四号掲載）

前回は「有効視野」に着目して、特定の対象に注目している状態や、加齢が進んだ状態では、視野が狭くなると説明した。そのため、警備員が運転手の死角に入らなくても、事故に巻き込まれる可能性があると述べた。

ただし、前回までの説明は、四輪車の運転手を想定したもので、二輪車（自転車およびバイク）には言及していない。おそらく、交通誘導で最も注意すべきなのは、二輪車ではないか。

筆者は警備員時代に交通誘導を実施しているときに、幾度となく二輪車のすり抜けや不停止に遭遇し、ヒヤリとした経験がある。「二輪車の運転手は自己中な奴が多いから止まらない」と言った同僚のベテラン警備員も少なからずいる。

しかし、二輪車の運転手が一様に「自己中な奴」というわけではない。気配りのできる「いい人」もたくさんいる。筆者の知人も二輪車を運転中に、いわゆる「サンキュー事故」で重傷を負ったが、普段は落ち着いた人で、我先にと暴走するタイプではない。よく「ハンドルを握ると人格が変わる」と言われるが、全員がそうなるわけではないので、運転と人格は切り離して考える必要がある。

にもかかわらず、なぜ二輪車に乗ると警備員をヒヤリとさせる運転をしてしまうのか。その理由の一つ目として、「ジャイロ効果」の影響が考えられる。ジャイロ効果とは、物体の動きが高速になるほど安定する物理現象のことだ。

例えば、コマは無回転もしくは低速回転だとすぐに倒れるが、高速回転していると安定して自立する。この安定感を生み出しているのがジャイロ効果である。二輪車も同じく、停車中や低速走行中は倒れやすいが、速度を上げると安定して走行できる。

言いかえれば、二輪車は急な停止や減速をすると、車体がバランスを失い、転倒事故などを起こしやすくなる。二輪車の運転手の立場であれば、急な停止や減速を求めてくる警備員がおかしい、と感じるであろう(もちろん、四輪車であっても急な停止や減速を求めるのは危険だが)。

ところが、警備員が余裕をもって停止や減速の合図を出したのに、誘導に従ってくれない二輪車も多い。そうなると、ジャイロ効果の影響ではなく、運転手の我儘(わがまま)で暴走しているだけのように見えて、警備員はイライラする。

そこで、二つ目の理由として考えられるのは、眼球運動の違いである。交通心理学者の長山泰久らは、図115のように二輪車と四輪車の運転中の眼球運動に違いがあることを明らかにしている。図の黒丸が運転手の視点である（図は蓮花一己・向井希宏『交通心理学』放送大学教育振興会、二〇一二年から引用）。

二輪車の場合、運転中の姿勢が前かがみになりやすいこともあり、視点が近くの路面に集中していて、遠くを見渡せていない。しかも、走行中の車線内に集中しているので、左右の幅も狭い。つまり、主に正面の近い距離にあるものを見て運転しているのだ。

一方で、四輪車の場合、遠くに視点が集中しており、左右の幅も広い。特にセダンタイプの乗用車は運転中の姿勢が上向きになる。大型車も視点の位置が高いので、遠くを見渡すことができる。

そのため、四輪車の運転では、近い距離での飛び出しや障害物への反応は鈍くなるが、遠くにある工事の規制帯や警備員の姿は視認しやすく、余裕をもって誘導に従うことができる。このような眼球運動の違いから、長山らは右折の四輪車と直進の二輪車の右直事故が多いことについて、二輪車は対向車線から右折してくる四輪車の発見が遅れるためだと推測している。

長山らの推測が正しければ、建築現場で工事車両を出入りさせる際に、直進の二輪車が止まらないのは、「工事車両の動きが見えていないから」だと説明できる。規制帯の幅寄せで二輪車が直

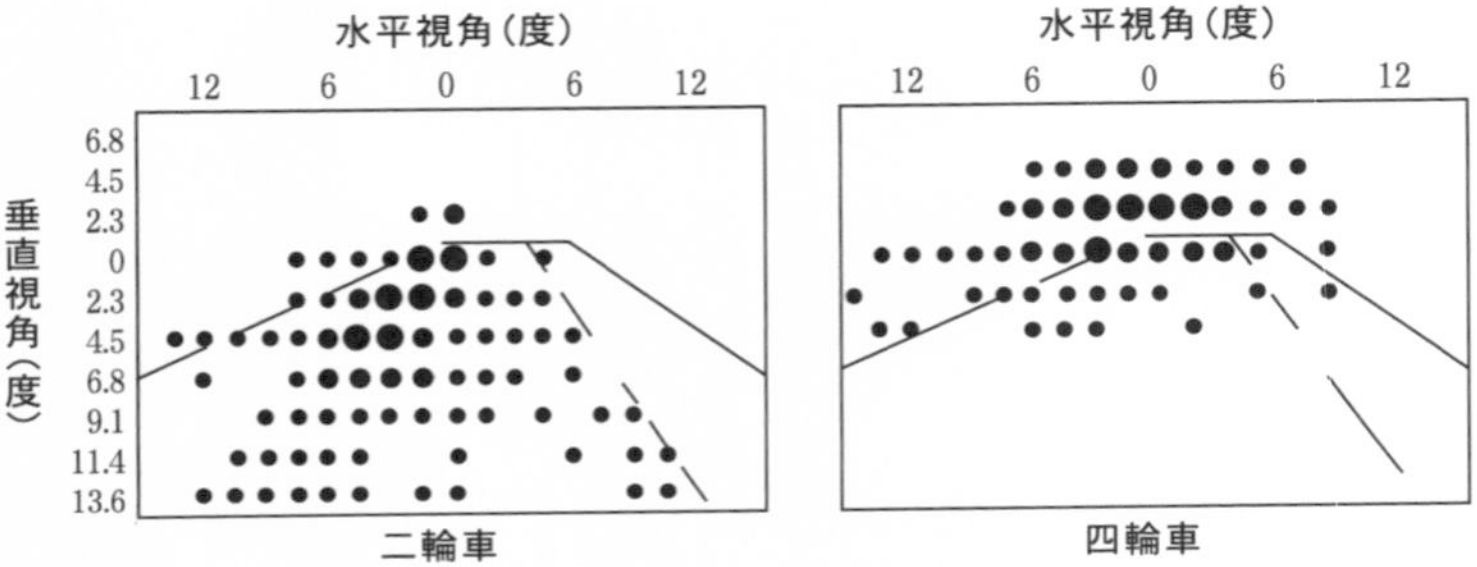

●図 115：二輪車と四輪車の運転中の眼球運動

出典：蓮花前掲書 78 頁

前まで車線変更しないのも、「直前まで来て、ようやく規制帯に気づいたから」だと考えられる。

いずれにせよ、二輪車と四輪車では眼球運動が違うことを念頭に置いて、「直進優先」の原則に従って交通誘導を実施するのがよい。それに加えて、ジャイロ効果の影響も考慮すれば、二輪車にヒヤリとすることなく、安全な誘導ができるだろう。

ただし、今回の論拠となっている長山らの研究について、交通心理学者の蓮花一己は問題点を指摘している。それは、①被験者が三名と少なく、しかもプロライダーであること、②道路が単純な直線区間であり、交差点での実験とは異なること、である。

これらの問題点を解消するために、蓮花は今後のさらなる追試研究が望ましいと述べている（蓮花・向井前掲書）。警備業務の質的向上や、警備員の受傷事故防止に資する研究なので、ぜひ警備業界も共同研究したり、研究費を助成するなどして、協力してはどうだろうか。

　また、本連載では交通誘導の話題として取り上げているが、機械警備や運搬警備など、車両の運転を伴う警備業務は複数ある。誘導する側だけではなく、運転する側の話題としても、学ぶことが多いのではないか。

　そうなると、機械警備の車両運転について、一抹の不安がよぎる。「二五分以内」（へき地であっても「三〇分以内」）という条件で、主に若手の警備員が車両を運転して、現場へ急行することが多いからだ。この業務内容のどこに筆者は不安を感じているのか、その詳しい説明は、次回のお楽しみとしよう。

第116回　若手警備員の運転技術……初心者段階説

（二〇二〇年三月五日　第二四六号掲載）

　前回は「ジャイロ効果」と「眼球運動」に着目して、なぜ二輪車は警備員をヒヤリとさせる運転をするのかを考察した。主に警備員を「誘導する側」と考えてきたが、一方で警備員を「運転する側」と考えることも重要である。

特に機械警備の場合、警備員は異常発報を受けて出動する際に、車両を運転する。すなわち「ルートラン」である。安全運転を心がけるのは当然だが、「二五分以内」(へき地であっても「三〇分以内」)で現場へ急行しなければならないので、焦りや不安を感じながらの運転になる。

加えて、現場到着時に**図116**のような「ダブルバックアプローチ」などの複雑な動きをするのであれば、ターンや速度を調整して車両を制御しなければならないので、より高度な運転技術が求められる(皆が教本の通りに実践しているかどうかは問わないが)。

しかし、機械警備は若手の警備員が従事することが多い。新卒採用したばかりの警備員であれば、自動車免許を取得してから日が浅く、運転技術が未熟である可能性

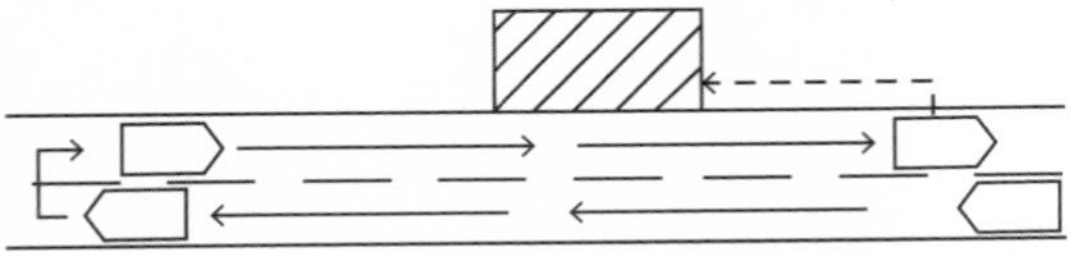

ダブルバックアプローチ

警備業務対象施設の前を通過し、さらに引き返し、もう一度その施設の前を通過し、ある程度の距離を隔てて駐車のうえ、徒歩で接近する。

●図 116：ダブルバックアプローチの説明

出典：(一社)全国警備業協会『警備員必携』(平成 30 年改訂)、114 頁

も考えられる。複雑なアプローチをしなくても、事故を起こす可能性はある。

そこで注目したいのは、交通心理学者のクレベルスベルクが提唱した「初心者段階説」である。蓮花一己の解説によれば、交通行動の理解の仕方と研究手法を体系化しており、日本へも大きな影響を及ぼしたという（蓮花一己・向井希宏『交通心理学』放送大学教育振興会、二〇一二年）。

初心者段階説では、主観的安全と客観的安全の関係で運転手を理解する。まず、第1段階は「主観的不安全性の優位」であり、免許を取得して間もない時期に、運転が怖くて慎重になる段階である。右左折、車線変更、合流などの基本的な動きにも不安を感じる。

そのため、第1段階ではリスクを回避する傾向があり、無謀な運転をしないが、この時期は長く続かない。徐々に運転に慣れてくると、第2段階の「主観的安全性の優位」になる。この段階は、運転に自信がついてくる時期であり、速度も出

第１段階	主観的不安全性の優位	運転に不安があり、リスク回避のため慎重になる
第２段階	主観的安全性の優位	技術は低いが自信過剰になり、無謀な運転をする
第３段階	主観的安全性の適正な方向への調整	運転技術が向上して安全運転ができるようになる
第４段階	客観的安全性の優位	豊富な走行経験があり、安全に運転できる

●**表 116：初心者段階説**
出典：筆者作成

せるようになってくる。

この第2段階が最も危険な運転をしやすい時期である。実際は運転技術が低いにもかかわらず、自信過剰になり、無謀な運転をして事故を起こすことが多い。つまり、運転手が自らリスクの高い状況を招きやすい段階だ。

続いて、第3段階は「主観的安全性の適正な方向への調整」であり、運転技術が向上して安全運転ができるようになる。運転手が自身の能力を正しく理解しているので、無謀な運転をしなくなり、事故のリスクが下がる。

最後の第4段階は「客観的安全性の優位」であり、豊富な走行経験があるので自分の能力や技術を客観視して安全に運転できる。自他ともに認めるベテラン運転手である。警備用車両を自在に乗りこなすためには、この段階が望ましい。

クレベルスベルクは、第3段階が終わるまでに一〇万キロの走行経験が必要だと述べている。ということは、一日に一〇〇キロのペースで毎日走行しても約三年を要する。高卒新人はもちろんだが、大卒新人でも大学卒業までに第3段階を終えるのは稀であろう。

その根拠となるのは、ソニー損害保険株式会社が毎年実施している「新成人のカーライフ意識調査」である。最新の二〇二〇年調査では、新成人の運転免許保有率は五六・四%、マイカー所有率は一四・八%となっている。

いずれの割合も年々低下しており、いわゆる「若者の車離れ」を象徴する数値とみなされている。その理由として、「車を所有する経済的な余裕がない」にあてはまるのが六三・四％である。つまり、若者の懐具合の悪さが「車離れ」の主な要因なのだ。

筆者の身近にいる学生の中にも、「お金がないので、車を買うどころか、教習所へ通う余裕もない」と窮状を訴える者が少なくない。学費を自ら稼いでいる学生もいる。そのような学生たちは、アルバイトを掛け持ちして、日々の学生生活を維持している。

その中で地道に少しずつ貯金を増やし、大学四年生の秋以降に自動車免許を取得する。就職直前の春休みに合宿で免許を取得する学生もいる。いずれも、就職先が「要普免」だから仕方なく、という事情である。就職前に運転の腕を磨くのは至難の業だろう。

そのため、親や上司が「早く車を買って、運転に慣れなさい」と言っても、無理強いになってしまう。初心者段階説の第1段階もしくは第2段階で入社し、業務に従事しながら運転技術を上げるほかない。

このような実情で、若手の警備員は「到着時間の厳守」と「安全運転」の両立を強いられる。それに加えて、現場対応に備える心構えが求められるので、警備員の心理的な負担は極めて大きい。この不安を解消するためのケアやサポートも必要である。

今回は主に機械警備に焦点をあてたが、もちろん、機械警備だけの問題ではない。運搬警備などの警備用車両を運用する業務に共通する問題として、警備業界は重く受け止めるべきではないだろうか。

第117回　「田中先生は予言者」ではない……新型コロナウイルス問題

（二〇二〇年三月一五日　第二四七号掲載）

当初、今回は交通事故関係の話題（「初心者段階説」の続き）を書く予定だったが、複数の読者から「田中先生は予言者ですね」と言われたので、私見を述べておきたい。

一昨年、本連載でバイオテロ（生物兵器テロ）とパンデミック（感染症流行）を取り上げた。それが、今般の新型コロナウイルスの感染拡大を予言するような内容だったので、一部の読者の間で話題になったようだ。

掲載号が手元にない読者のために、簡潔に内容を振り返っておきたい。第101回（二〇一八年一一月二五日号掲載）では、主にバイオテロに注目しながら、警備業界も対策を検討する必要があると述べた。

具体的には、現行の警備業務の出入管理や巡回実施要領は、「凶器」や「爆発物」と思われる不審物を発見したときの対処法に特化しており、生物兵器の持ち込みや感染者の出入管理に対応できないという指摘だった。

次に、第102回（二〇一八年一二月五日・一五日合併号掲載）では、訪日外国人客の増加により危険な病原体が日本国内に持ち込まれる可能性や、検査用に輸入した病原体を運搬する際に危険物運搬警備で対応する可能性があることを指摘した。

その歴史的背景として、中世フランスのペスト惨禍に注目した。ペスト流行のきっかけは、罹患者を多く乗せた船である。入港前に船内で感染者が確認されていて、隔離院で乗員、乗客、貨物の検疫が行われたが、水際作戦に失敗してペストが拡散した。

そこで、「医療と警備」がセットになり、「防疫線」と言われる検疫網を張り巡らせて、感染拡大を防止しようとした。すなわち、隔離政策である。防疫線の要所に軍隊や自警団を配置して、感染者の往来を制限したのだ。以上のような内容である。

おそらく、掲載当時は「昔話」や「絵空事」だと思って読み流した読者もいただろうが、今般の新型コロナウイルス感染拡大で、中国・武漢市をはじめ複数の都市が封鎖（ロックダウン）され、多くの国や地域でも感染者の隔離が実施された。

また、クルーズ船「ダイヤモンド・プリンセス号」で船内感染が拡大し、対応の在り方に賛否両論が噴出したことも記憶に新しい。中世のペスト流行の発端が「船」だったことも、「時代は変われど、傾向は変わらず」を証明している。

とはいえ、筆者は自身を「予言者」とは思わない（もちろん宗教上の「預言者」でもない）。すでに研究されていたことを紹介しただけだ。第102回の最後で「最新のテロ対策を考えるヒントは、歴史書の中に隠されている」と述べたが、それが本心であり研究の信念である。

昨今の警備業界を概観していると、「最新」の知識や技術に飛びつく関係者が多いように感じる。たしかに、「AI」や「5G」は未来を創造する重要なツールであり、その活用法を模索する姿勢は尊重されるべきだ。

しかし、未曾有の事態に直面したときに、中世の警備方法に回帰することもある。だからこそ、警備業関係者は歴史に目を向け、「温故知新」を体現してほしい。つまり、新旧の知恵を織り交ぜて対応を考えるということだ。

今般の新型コロナウイルスについては、ここまで感染が拡大した以上、警備業の努力で抑え込むことは困難であり、早期の終息を願うしかない。現状の危機に対応することは必要だが、次の感染症に備えて、今後の課題を整理することも求められる。

それでは、「今後の課題」とは何か。筆者が考える警備業の課題は、主に以下の二つである。一つ目は、感染症対策の多機関連携の輪に加わり、役割を確立することだ。そのためには、他機関がどのような業務を実施しているかを把握しなければならない。

やはり、感染症対策の最前線は検疫所である。厚労省那覇検疫所長の本馬恭子による「感染症の水際対策と医療機関との連携」（『日本農村医学会雑誌』六六巻六号収録、二〇一八年）の説明に基づいて確認しよう。

感染症は検疫法第二条で、**表117**の通り1号から3号までの種別に分けられている。検疫所は、航空機と船舶の検疫中に患者（感染が疑われる者を含む）を発見した場合、診察などを実施し、感染症の種類によって隔離、停留、消毒などの措置を講ずる。なお、3号感染症は検疫措置の対象にならない。

検疫所がある海港や空港以外へ緊急時に着陸・入港し、最寄りの検疫所が対応できない場合は、保健所長へ協力を依頼して、その船舶や航空機の乗員・乗客の健康状態を確

検疫感染症	
1号	エボラ出血熱（21日），クリミア・コンゴ熱（9日），痘そう（17日），ペスト（6日），マールブルグ病（10日），ラッサ熱（21日），南米出血熱(16日)
2号	新型インフルエンザ等感染症(10日)
3号	デング熱（14日），マラリア（28日），鳥インフルエンザA（H5N1）（10日），チクングニア熱（12日），鳥インフルエンザ（H7N9）（10日），中東呼吸器症候群MERS（14日），ジカウイルス感染症(12日)
検疫感染症に準ずる感染症	ウエストナイル熱，腎症候性出血熱，日本脳炎，ハンタウイルス肺症候群

（　）内の数字は潜伏期間

●表117：感染症の種別

出典：本馬前掲論文646頁

認する。受診者の渡航歴などが不明であれば、医療機関と連携し、情報提供が可能となっている。

そのため、空港保安警備や港湾警備を担当している警備業者は、保健所や医療機関の関係者が緊急時に出入りすることを念頭に置いて、警備体制を整えておく必要がある。警備業は検疫の実施主体ではないが、的確な体制が整備されていれば、それが後方支援になる。

二つ目は、警備員の感染防止である。今般の新型コロナウイルスでも、警備員への感染が確認されている。もちろん私生活で感染した可能性はあるが、そもそも警備業務は雑踏警備に限らず、不特定多数の人が行き交う場所を警備する機会は多い。

また、警備室や管制室で感染者が出た場合、多くの同僚が濃厚接触者として出勤停止になり、警備体制や指揮命令系統が崩れてしまう。場合によって、警備対象施設からの撤退や、それに伴う警備契約の解除もあり得る。これも、警備業者としては死活問題である。

そうならないために、警備業者には警備員と管制員の感染症対策に万全を期す努力が求められる。もちろん、いくら万全を追求しても感染する可能性はゼロにはできないが、「弊社はこれだけの対策をしていました」と契約者に説明できるようにしなければならない。警備員と管制員の安全を考えない警備業者は淘汰されるだろう。

※ジャーナリストの藤田和恵も、警備員がウイルス感染のリスクが高いまま勤務している実態を

記事にしています（「警備員「コロナ感染スレスレ出動」の日々、医療従事者並みのハイリスク」ダイヤモンド・オンライン二〇二〇年五月一五日付配信）。

藤田の取材によれば、警備員が複数の警備対象施設を動き回り、ＡＴＭの障害対応や高齢者の安否確認に忙しく対応する一方で、ウイルス媒介者とみなされて冷遇されたり、警備業者側も警備員の安全にかかわる対策を講じていないと紹介されています。

その上で、藤田は「私たちが普段警備員の仕事を直接目にする機会は少ない。制服を着てビルの前に立つ姿はイメージできても、医療従事者並みの感染リスクを負いながら、高齢者の安否確認を担っている実態はあまり知られていないのではないか」と述べています。

警備業者ならびに警備業協会は、警備員がコロナウイルス禍でもエッセンシャルワーカーとして活躍していること、その警備員の安全を考えること、そして業界を挙げて労働環境の改善と外部への情報発信に努めてほしいと切に願います。

第118回　訪日外国人による交通事故……道路通行の地域性

（二〇二〇年三月二五日　第二四八号掲載）

前々回は「初心者段階説」に注目し、運転技術が未熟なまま、若手警備員が警備用車両に乗務している可能性があることを指摘した。一方で、いくら警備員の運転技術が優れていても、周囲の自動車が不規則な動きをして、接触や衝突などの事故に至ることもある。

昨今は高齢者の運転による事故や、「あおり運転」の問題に注目が集まっている。もちろん、これらも重大な問題だが、（公財）交通事故総合分析センターが警鐘を鳴らしているのは、訪日外国人（インバウンド）によるレンタカー事故である。

同センターの大庭早咲と西田泰は、交通事故分析レポート（「イタルダ・インフォメーション」No.一三二、二〇一九年一〇月発行）で、訪日外国人がレンタカーで起こした人身事故件数は二〇一四年から二〇一八年にかけて約四倍に増えており、今後も増加すると予想している。

同レポートでは**図118**の通り、訪日外国人の相対事故率（第一当事者数／無過失第二当事者数）は一三・八であり、日本人の二・五と比べて著しく高いと説明されている。つまり、訪日外国人の過失運転によって事故が起こる割合が高いのである。

　ちなみに、このデータは「観光・娯楽目的のレンタカー」に限定したものであり、自家用車や商用車の事故は含まれていない。そのため、「土地勘がない」「乗り慣れていない車種」といった条件は日本人も同じであると考えられる。

　それでは、どのような形態の事故が多いのか、久々にクイズ形式で紹介しよう。次の四つの中から、訪日外国人がレンタカーで起こしやすい事故の形態を「二つ」選んでほしい。

①正面衝突
②出会い頭
③右直
④追突駐停止中

　念のため説明すると、「出会い頭」は相交わる方向に進んでいる車両がすれ違う際に衝突すること。「右直」は一方の車両が右折する際

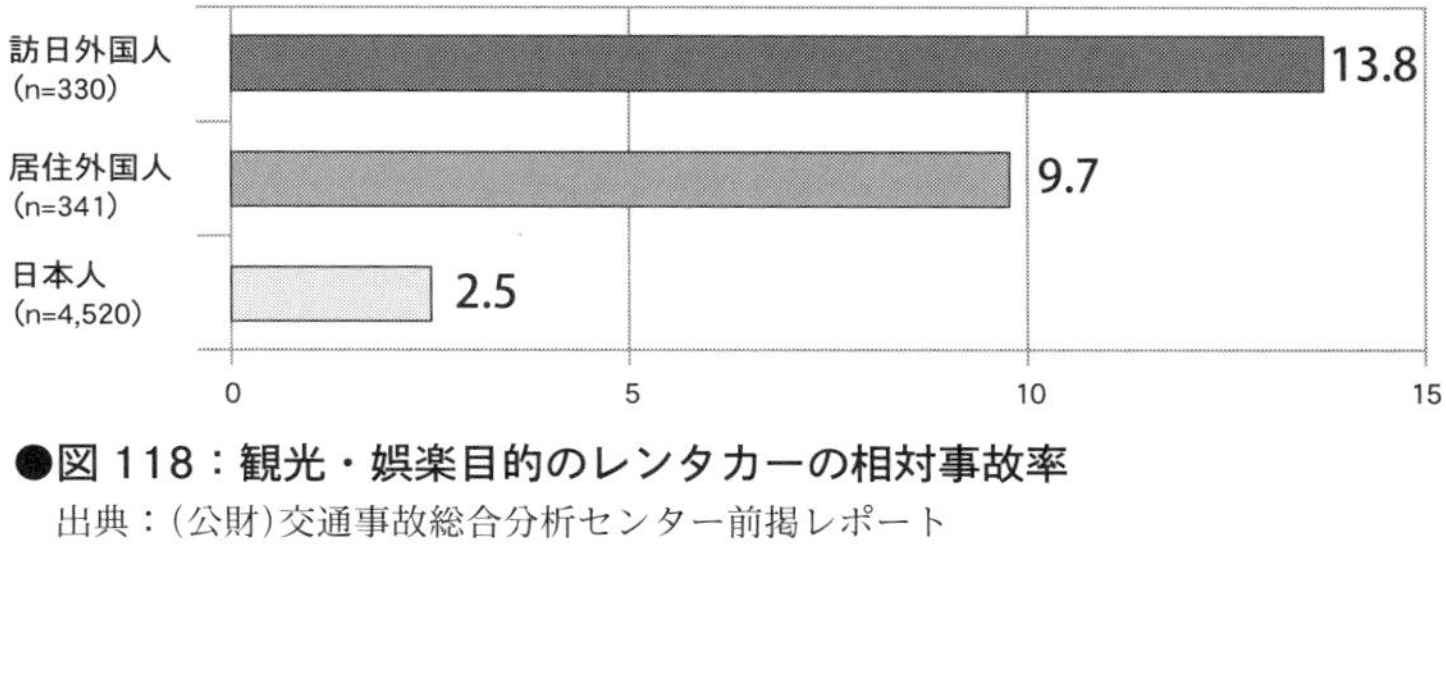

●図 118：観光・娯楽目的のレンタカーの相対事故率
出典：（公財）交通事故総合分析センター前掲レポート

に他方の車両が対向車線を直進してきて衝突すること。「追突駐停止中」は信号待ちや客待ちなどで駐停車している車両に後部から衝突することである。

もちろん、これらの事故は日本人も起こしているが、正解の二つは特に訪日外国人が起こしやすい傾向がある。今回の選択肢には入れていないが、「左折時」の事故は日本人と訪日外国人の差がない形態となっている。

それでは、正解を発表しよう。正解は「②出会い頭」と「③右直」である。ただし、事故現場の特徴に違いがある。出会い頭の事故は信号のない交差点で多発している一方、右直事故は信号がある交差点で多発している。

その要因について、出会い頭の事故は交差道路の安全確認をしなかった、右直事故は対向車の安全確認をしなかった可能性が高いと分析されている。とはいえ、「安全確認」は運転の基本なので、それ以外の背景も考える必要がある。

やはり、考慮すべき背景は、「左側通行に慣れていない」ということではないか。右側通行の国や地域から訪日した外国人にとって、交差道路を正しく認識したり、右直で対向車を視認するのは、意外と難しいと思われる。

さらに厄介なのは、日本国内でも道路事情や運転のパターンに地域差があることだ。いわゆる「名古屋走り」や「伊予の早曲がり」など、ご当地ルールが各地にある。この地域差により、事故類型も異なると考えられる。

西田は訪日外国人だけではなく、日本人の自動車事故についても分析している。域内居住者（地元住民）の自家用車の事故も含めて、北海道、沖縄、東京などの地域差を検証した（「外国人及び余暇活動中の交通事故に関する研究」『自動車交通研究二〇一九』収録）。

検証の結果、運転手は無意識のうちに居住する地域の事故特性に慣れ、それに応じた運転方法を行っている可能性がある一方で、それに慣れていない域外居住運転手は、当該地域を運転することで特定の事故類型の事故に遭い易くなると考察している。

日本人でも、ご当地ルールに合わせて運転するのは難しいが、そもそも日本の道路事情に不慣れな訪日外国人にとって、ご当地ルールに合わせるのは至難の業である。少なくとも、「安全確認すればよい」の一言で済む話ではないだろう。

そうなると、観光地付近を走行する警備用車両は、細心の注意を払う必要がある。機械警備であれ、貴重品運搬警備であれ、たとえ警備用車両が「無過失」であったとしても、事故が起きれば現場到着は不可能になる。もちろん、警備員が死傷する危険性もある。

また、交通誘導警備でも、幅寄せや片交などの合図が訪日外国人に伝わらずに衝突事故が起きて、警備員が死傷するかもしれない。また、迂回の説明を理解してもらえずに、トラブルになる可能性があることを念頭におきながら、警備員は業務を実施する必要がある。

すなわち、レンタカー事故は訪日外国人の安全確認という視点だけでなく、警備業務実施上の課題、さらには警備員の安全確保という視点も含まれるのだ。

おそらく、コロナウイルス禍が終息に向かえば、再び訪日外国人が増加していくだろう。しかし、レンタカー移動に伴う道路上の安全について、議論が尽くされているようには思えない。この課題にどう向き合うか、警備業の腕の見せどころである。

第119回　目視の難しさ……錯覚と危険性

（二〇二〇年五月一五日　第二五〇〇号掲載）


「百聞は一見に如かず」と言われる。たしかに、何回も言葉で説明されるより、実際に目で見た方が理解しやすい。しかし、目で見たことが必ずしも正確であるとは限らない。冷静に目視したはずなのに、距離感や物体の大きさを誤認することがある。

心理学者の一川誠は、対象の物理的特性と知覚体験のズレを「錯覚」とし、特に視覚的錯覚のことを「錯視」と説明した上で、様々な研究例を紹介している(『錯覚学』集英社新書、二〇一二年)。

例えば、**図119－1**は「テーブル板の錯視」と言われるものだ。おそらく、左のテーブルの天板は、右のテーブルの天板と比べて細長く見えるだろう。そこで、定規を当て、二つのテーブルの天板の四辺を測ってみてほしい。

すると、二つのテーブルは向きが違うだけで、天板の大きさは同じだとわかる。すなわち、物理的な大きさは同じであるにもかかわらず、左のテーブルの天板が細長く見えているのだ。これが錯視の一例である。

それでは、**図119－2**はどうか。これは遊歩道の写真に二本の黒い線を引いたものだ。手前の線よりも、奥の線の方が長く見える。しかし、これも定規を当て、長さを測ると、同じであることがわかる。これを「ポ

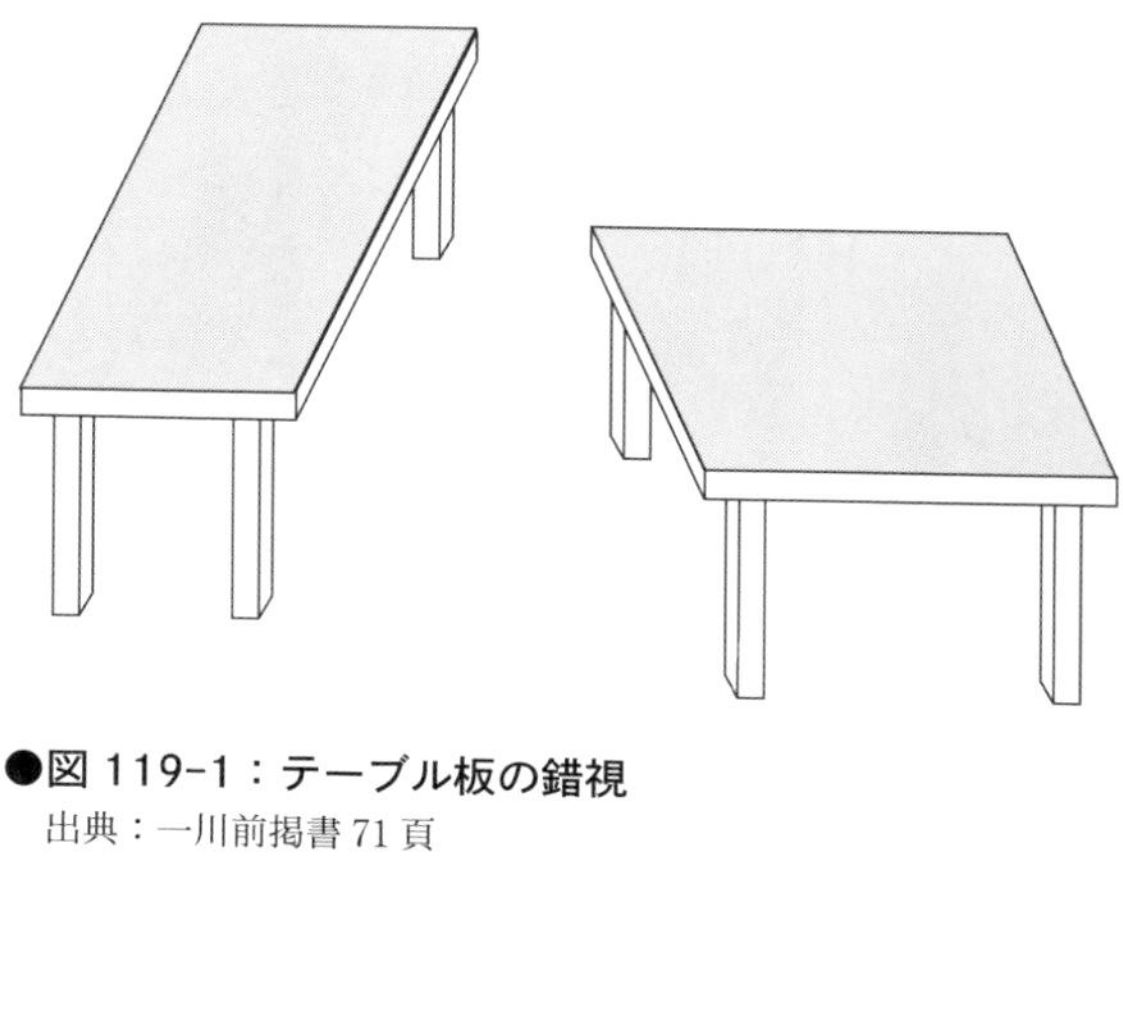

●図 119-1：テーブル板の錯視

出典：一川前掲書 71 頁

ンゾ錯視」という。
通常、人間の視覚は遠近感を認知している。そのため、同じ大きさの物体であれば、近く（手前）にある物は大きく、遠く（奥）にある物は小さく見えるはずだと脳が理解している。そのため、遠近感のある写真に同じ長さの線を引くと、本来の物理的な遠近感とズレが生じて、長さを誤認するのである。

ちなみに、一川は勤務先の千葉大学の敷地内でポンゾ錯視の写真を撮影し、二本の線を引いて前掲書六七頁に載せていた。それを参考に、筆者が勤務している仙台大学の敷地内で写真を撮影し、再現したのが**図119-2**である。つまり、場所が変わっても、ポンゾ錯視は同じように再現できたのだ。

このように、条件が揃えば、いつ、どこで

●図 119-2：ポンゾ錯視

出典：一川前掲書 67 頁を参考に筆者作成

も錯覚は生じる。特に、人体の能力を超えた知覚体験をしている場合は要注意だ。航空機の操縦中に、高速度と高低差によってパイロットが平衡感覚を失う「空間識失調」が原因で、事故が起こることもある。地上では、疾病によるめまいなどがない限り、空間識失調に陥る可能性は低い。

しかし、錯視によって遠近感や物体の大きさを誤認して、適切な判断ができずに事故に至ることがある。その危険性が高いのは、やはり自動車運転である。心理学者の杉原厚吉を筆頭とする研究チームは、『錯視・錯覚に注意して事故を防ごう』（シンク出版、二〇一七年）という小冊子で、自動車運転中の錯視・錯覚の例を挙げ、安全運転を啓発している。

例えば、「車線の錯覚」では、上り坂の向こうが左カーブになっていると、対向車が自分に向かって走行してくるように錯覚する。そのため、対向車を避けようとして右にハンドルを切り、正面衝突する危険がある。

その対策として、坂の頂上手前では車線が曲がっているかもしれないと考えて、速度を落として運転するのがよいと提言されている。あまり走り慣れていない山間部の道路などでは、注意が必要だ。

また、「距離感の錯覚」では、大型車両と二輪車（バイク）が並走しながら向かってくるように見えるが、実際は二輪車の方が前を走行しているため、右直事故になる危険がある。車体の大きさで遠近感を測るため、小さい二輪車が遠くにいるように見えるためだ。

この場合は、二輪車が遠くに見えていても意外と近くにいると考えること、右折の際に直進二輪車が来たら安易に先に行けると判断しないこと、という対策が提言されている。やはり、「二輪車優先」を原則にして運転した方が無難ということだ。

警備用車両の運転では、機械警備であれ貴重品運搬警備であれ、エリアごとに乗務する警備員が決められていることが多い。警備員も走り慣れた道を走行するので、自身の目視に自信を持っているだろう。

しかし、工事による道路状況の変化や、悪天候による視界不良などで、通常とは違う知覚体験をすることもある。また、通常とは違うルートで現場へ向かうこともある。そのときに、自身の目視を過信していると、遠近感や周囲の物体の大きさを誤認したまま進行し、思わぬ事故を起こす可能性がある。

ましてや、警備員の担当エリアが変更になり、初めての道を走行する場合は、勾配やカーブの角度を誤認して、衝突や接触などの事故を起こすかもしれない。できれば、安全にルートランができるように、業務に就く前の下見として、新しい担当エリアを走行するのがよい。

よく「家に帰るまでが遠足です」と言うが、警備員のために言い換えるなら、「現場へ行き、営業所に帰るまでが警備業務です」となる。

警備業務そのものを適正に実施するのは当然だが、その前後の移動も含めて警備業務は成立する。警備員の皆様には、錯視によって思わぬ事故を起こすことのないよう、安全運転を心がけてもらいたい。

第120回　目視を巧みに利用する……錯覚と安全性

（二〇二〇年六月五日・一五日合併号　第二五二二号掲載）

前回は「錯覚」が事故の原因になると説明したが、しばらく自動車事故の話題が続いたので、暗澹たる思いを抱いている読者が多いだろう。そこで今回は、錯覚を安全確保や迷惑行為の防止に利用している例を紹介しよう。

前回も説明したが、視覚的な錯覚のことを錯視という。人間は視覚から多くの情報を得ているので、錯視を上手に利用すれば、言葉を交わさずに注意を促したり、事故防止に資する工夫を施すことができる。

二〇一九年一月、京浜急行電鉄は羽田空港国際線ターミナル駅（駅名当時）の通路に、「錯視サイン」を導入した。床に貼り付けた文字や矢印が立体的に見える仕掛けで、旅客をエレベータへ誘導する。案内の効率化やエスカレータでの手荷物落下事故の防止を図ったものだ（京急電鉄報道資料二〇一九年一月二八日付）。

これは「杉原厚吉のふしぎ？錯視展」の一環として期間限定で試行したものだが、日本語がわからない訪日外国人にも通用するので、「新たな誘導方法」として注目を集めた。この企画を思いついた人は、なかなかの策士（さくし）である。

また、二〇二〇年一月には、自転車の迷惑駐輪を防止する対策として、北大阪急行の千里中央駅付近の歩道にチューリップの花壇を描いたシートが貼り付けられた。花壇が浮かび上がるように見える仕掛けだが、なんと発案者は小学二年生の男児である。

シートが貼り付けられた場所は、もともと迷惑駐輪が多かった。それが、シート設置後に迷惑駐輪が約二〇％減少したという（『産経新聞』二〇二〇年三月一〇日付）。このような取り組みから、錯視は旅客誘導や迷惑行為の防止に有効だと考えられている。

錯視を利用した事故防止策は、工学や心理学の分野で長らく研究されてきた。また、近年は仮想空間（ＶＲ）の技術が急速に発展し、映画やゲームなどのコンテンツでも立体視（３Ｄ）による臨場感を楽しめるようになったが、これも錯視である。

警備業界でも、セコムがＡＩ搭載の「バーチャル警備システム」の開発を進めている。このまま技術が発展すれば、街中や通路のディスプレイでも、目的地までの順路を立体的に表示したり、臨場感のある注意喚起や警告を行うことができるようになるだろう。

ただし、現状では警備員の等身大ディスプレイを使用することが前提であり、相応の費用がかかる上に、設置できる個所は限られている。また、スマホなどの小さい端末のディスプレイでは、立体感を得られないことも明らかになっている。

例えば、人間工学が専門の伴地芳啓らは、スマホの画面サイズ別に3Dの効果を検証している（「スマートフォンを用いた没入型立体視映像のスケーラブル変換とユーザ体験への影響」『映像情報メディア学会誌』七二巻一一号収録、二〇一八年）。

伴地らの実験では、スマホの出荷状況を踏まえ、画面サイズを標準的な五インチ、小さめの四・五インチ（図では「縮小」）、大きめの五・五インチ（図では「拡大」）に設定した。いずれも、動画視聴などが支障なくできるサイズである。

この条件のもと、正常な視覚の被験者二〇名に、簡易型ヘッドマットディスプレイ（HMD）を覗き込む状態で五種類の静止画をサイズ別に見せ、印象の違いを評価させている。画像をそのまま呈示した「補正無」と、画像中心を注視した際の視差角が0度になるよう調整した「補正有」で、どの程度の立体感の差があるのかも検証している。

なお、実験では画像の「見やすさ」や「視覚負担」（眼の疲労感）なども評価させているが、ここで

第111回 第112回 第113回 第114回 第115回 第116回 第117回 第118回 第119回 第120回

は「立体感」の評価に注目しよう。

その結果をサイズ別にまとめたのが図120のグラフである。縦軸は立体感の印象の違いを表した平均評点、横軸は呈示した画面サイズで、それぞれ左側の棒グラフが「補正無」、右側は「補正有」となっている。

まず、画面サイズが大きくなるにつれて、僅差だが立体感が増加する傾向がみられている。特に、大きめの画面(拡大)では、「補正有」の方が立体感を感じやすくなっていることがわかる。

一方で、僅差であるがゆえに、多重比較の結果ではいずれの条件間に有意差は認められなかった。そのため、呈示サイズや補正によって立体感が変化することはないと考察されている。スマホのような小型の機械で立体感を出すのは、現状では困難なのだ。

おそらく、「弊社は巨額の設備投資ができないから、錯視を応用するのは無理だ」と考える警備業者が多いだろう。たしかに、最先端の機械やシステムを使用できるのは、セコムのような大手企業に限られる。

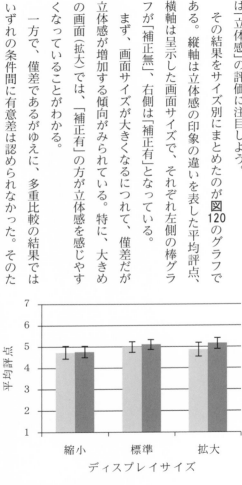

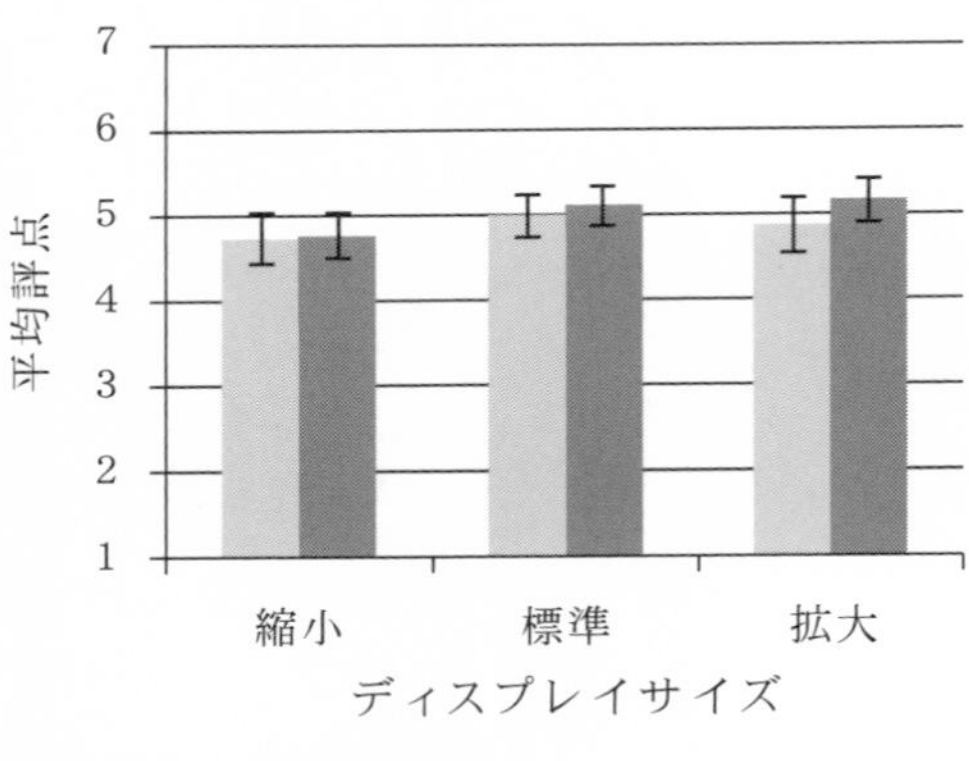

●図 120：立体感の差

出典：伴地他前掲論文 J205 頁

しかし、錯視は古くから「だまし絵」（トリックアート）として楽しまれてきた錯覚であり、本来は高度な機械やシステムを必要としない。もちろんＨＭＤも必要ない。つまり、路面や床、または柱や看板にシートを貼り付け、それを肉眼で目視するだけでよいのだ。

もし、皆様の契約先で「館内の動線がよくない」「迷惑行為が後を絶たない」と困っている現場があれば、「簡単なトリックを仕掛けましょうか」と、利用者の目視を巧みに利用する方法を提案してみてはいかがだろうか。

※その後、桑名駅（二〇二〇年八月）と秋田駅（二〇二一年一月）にも錯視サインが導入されました。今後も駅、商業施設、街路などで錯視サインが普及していくかもしれません。

■著者紹介

田中　智仁（たなか　ともひと）

1982年、東京都出身。仙台大学体育学部准教授。博士（社会学）。専門社会調査士。認定心理士。防犯装備士。専門は犯罪社会学、警備保障論。2009年、白山社会学会賞受賞。2010年、特定非営利活動法人日本防犯装備協会特別功労賞受賞。著書『警備業の社会学』で2010年に日本社会病理学会出版奨励賞と日本犯罪社会学会奨励賞を受賞。

【主な著作】

『警備業の社会学 ―「安全神話崩壊」の不安とリスクに対するコントロール』（明石書店、2009年）
『警備業の分析視角 ―「安全・安心な社会」と社会学』（明石書店、2012年）
『リアリティと応答の社会学 ― 犯罪・逸脱とケア』（共著 風間書房、2013年）
『気ままに警備保障論』（現代図書、2015年）
『気ままに警備保障論2』（現代図書、2018年）
『警備ビジネスで読み解く日本』（光文社新書、2018年）
『社会病理学の足跡と再構成』（共編著 学文社、2019年）
『犯罪・非行の社会学 ― 常識をとらえなおす視座（補訂版）』（共著 有斐閣、2020年）

気ままに警備保障論３

2021年8月27日　初版第1刷発行

著　者　田中 智仁
発行者　池田 廣子
発行所　株式会社**現代図書**
〒252-0333　神奈川県相模原市南区東大沼2-21-4
TEL　042-765-6462（代）　FAX　042-701-8612
振替　00200-4-5262
http://www.gendaitosho.co.jp/
発売元　株式会社星雲社（共同出版社・流通責任出版社）
〒112-0005　東京都文京区水道1-3-30
TEL　03-3868-3275　FAX　03-3868-6588
印刷・製本　モリモト印刷株式会社

ISBN978-4-434-29232-3
Printed in Japan